五代友厚名誉回復の記録

――教科書等記述訂正をめぐって

八木孝昌

目次

第一章　発端

一、同窓会からの五代伝執筆依頼

平成三十年（二〇一八）一月下旬に、大阪市立大学同窓会児玉隆夫会長（大阪市立大学元学長）から本書の筆者である私八木孝昌に対して、大阪市立大学開学の祖五代友厚の伝記を書くようにとの依頼がありました。趣旨は、二年前に同窓会が学内に五代の銅像を建立したが、それに続き、新たに募金を行って五代の伝記を刊行することとした。これまでの伝記は北海道開拓使官有物払い下げ事件について「開拓長官黒田清隆は同じ薩摩藩出身の政商五代友厚に官有物を格安で払い下げようとした」と説明しているが、疑問なしとしないので、「史実に基づいた、正しく分かりやすい」伝記の執筆を要請したい、というものでした。

私は大阪市立大学の卒業生でしたが、歴史研究者ではありませんでした。万葉集の研究に一定の実績があるほかは、大阪の帝塚山とその地域に花開いた昭和期の文学を研究する「帝塚山派文学学会」の運営委員として紀要に論文を発表している程度の在野文学研究者でした。児玉会長から後に聞いたところでは、前年三月刊行の『帝塚山派文学学会紀要』創刊号に載った私の論文「藤澤桓夫の文学的転進と弁証法的唯物論」が同会長の目にとまり、それが執筆者として私を推薦する根拠となった由でした。指名していただいたからには全力投球するしかないと決意し、依頼を引き受けました。

私が五代について知っていたのは、大阪市立大学の「開学の祖」であること、大阪で活躍した実業家であること、しかし日本史の教科書では、「政商」として他の実業家たちとともに「関西貿易社」を設立し、破格の安値で開拓使官有物の払い下げを受けようとしたと書かれていること、同窓会の中にはそのような記述に疑問をもっている人たちがいること、くらいでした。

最初の仕事は五代友厚関係のまとまった史料を所蔵している大阪商工会議所を同窓会の役職員と一緒に訪ね、資料提供あるいは閲覧をお願いすることでした。同会議所からは資料閲覧の許可が得られるとともに、数点の重要資料の提供を受けました

その時点ですでに十指に余る五代伝が世に出ていました。そのいくつかを読んでまず驚いたのは、五代の生涯の汚点とされる開拓使官有物払い下げ事件について「五代無実」を主張する伝記が一つもなかったことでした。小説家の五代伝も歴史学者の五代伝も、その点では違いがありませんでした。そうすると、五代の汚名をすすいでほしいと願っている大阪市立大学同窓会の関係者は、「あの五代さんに限ってそんなことをするはずがない」という直観に依拠しているだけなのか、それとも直観の背後には五代無実の真実が存在す

るのか。私はその根本的な問いの前に私は立つことになりました。それに対する答えを持たなければ、この伝記には着手しようがありませんでした。

二、論文「『開拓使官有物払い下げ事件』再考」

大阪商工会議所から提供された資料の中に、平成二二年（二〇一〇）七月発行『住友史料館報』第四一号所載の末岡照啓副館長（当時）執筆論文「『開拓使官有物払い下げ事件』再考――関西貿易社の五代友厚と広瀬宰平を通して」がありました。私はそれを読んだとき、これで五代の伝記は書ける、と確信しました。それは真正面から五代友厚の無実を論証しようとした画期的な論文でした。

そこには五代無実の直接的な史料と間接的な史料の二つが示されていました。前者は国立公文書館に所蔵される開拓使官有物払い下げ問題についての政府決定文書集です。

末岡論文に引用されている政府決定文書は、次のような構成になっています。

まず黒田清隆開拓長官から三条実美太政大臣に宛てた「工場其他払下処分の儀に付伺」が最初に置かれています。そこには、開拓使の大書記官安田定則以下四名が開拓使を退職して民間会社を設立し、そこで開拓使事業を継承して尽力しようとしており、それは北海道人民の幸福をもたらすこと疑いがないので、彼らに開拓使諸事業を払い下げることを許可いただきたい、いう趣旨が述べられています。

次に開拓使大書記官安田ら四名が開拓使官有物払い下げを黒田長官に申請する「内願書」が来ます。その「内願書」には添付書類があり、払い下げるべき土地・建物・船舶・諸事業全二四点の明細と払い下げ価格が示されています。合計金額は約三八万七千円です。

そのあと、上記「伺」と「内願書」の参議宛「回覧」と「回議」を求める文書があり、それに続いて、「御指令案」として「上請之趣特別の詮議を以て聞届候事」と書かれた文書が置かれ、その最終行に赤字で「明治十四年八月一日」の日付が書き入れられています。

この一連の文書は、黒田開拓長官の「伺」書を受理した政府が、開拓使官有物一式を開拓使幹部が設立する民間会社「北海社」に払い下げる決定をしたことを示しています。

この文書綴りには最後に「明治十四年十月十二日」の日付をもつ「開拓使官有物払下取消之件」なる文書が置かれ、「右謹て裁可を仰ぐ」として太政大臣三条実美以下内閣の八人が押印しています。御前会議用の文書です。以上の政府史料はインターネットによって「開拓使官有物払下許可及び取り消しの件（明治十四年）」で検索すると閲覧することができます。

三、五代友厚の広瀬宰平宛書状

前節で言及した「五代無実の間接的な史料」の方は、住友家総理代人広瀬宰平と五代との間の書簡です。

広瀬宰平の明治一四年（一八八一）八月三一日付五代宛書状は『五代友厚伝記資料』第三巻に収録されています。関西貿易社が払い下げを申請した岩内炭坑と厚岸山林は世論の誤解を招かないために返還し、その次第を天下に公告するのがよいと広瀬は提案しています。

これに対して五代は九月七日付の返事を送っていますが、「広瀬家八五三」という資料名で末岡論文に初めて公表されました。

そこでは五代は、払い下げは開拓使幹部が設立した「北海社」に対して行われるものであって、関西貿易社とは関係がない。そのことは九月五日の報知新聞や六日の朝野新聞に政府文書を転載するかたちで報道されている。そして岩内炭坑と厚岸山林は今回の政府決定には含まれていないのであるから、わざわざ中止するには及ばないものである、という考えを述べています。

次に、新聞紙上において関西貿易社への攻撃が甚だしいので公然と反論すべきであると考えたが、さる筋から、「必ず意とすること勿れ、之を放擲して顧みざれとの内諭を得た」ので、「政府は必らず深意の在るあるを信じ、我輩は弁明するの念を絶ちたり」と自己の沈黙の理由を説明しています。

そして、「青天白日、毫も天地に愧ぢず」と自己の潔白を表明しています。

これによって、自由民権派から烈しい攻撃を受けていた五代が何故反論しなかったのかという理由が判明しました。もし五代にやましいところがあったのであれば、五代は広瀬と盟友の関係にあったのですから、口先だけで「青天白日、毫も天地に愧ぢず」と言えるはずはありません。この書状は間接的ではありますが、五代無実の有力な証拠です。

私は平成三〇年（二〇一八）一一月二九日に京都市左京区鹿ケ谷にある住友史料館に末岡副館長を訪ね、五代友厚伝にその論文を使わせてほしいと頼みました。その折に末岡副館長から、「明治一四年の政変で大隈重信と五代友厚は大きな誤解にさらされた。大隈についてては幸い早稲田大学の弟子たちの努力で汚名がすすがれたけれども、五代は汚名が現在まで残っている。五代の名誉回復の仕事は大阪市立大学の関係者がするしかないと私は考えてきたが、やっとその時が来たか、と喜んでいる」という発言がありました。このように激励された私は、使命感をもって執筆に臨み、真実の五代像を世に問わなければならないと決意を固めました。

資料収集の過程で他にも従来の五代伝では使用されていない貴重な文献が複数見つかりました。私はそのような諸資料を使って五代像を再構築しながら、従来の諸五代伝がいかに杜撰であるかを知りました。それぞれの五代伝は従来の五代伝の逸話を無批判に踏襲していました。諸五代伝が等しく取りあげる荒唐無稽な《ホラ話》が一体どこから来ているのかを追跡して行って、遂に明治二八年刊行の、「弘成館員片岡春卿編纂」『贈正五位勲四等五代友厚君伝』が大元であることを突きとめました。このことが分かったとき、二つの執筆方針が決まりました。ひとつは従来の伝記中の《ホラ話》がただの作り話であることを資料によって論証し、それらを五代伝から一掃することを通じて真実の五代像を樹立することでした。もうひとつは、末岡論文「『開拓使官有物払い下げ事件』再考」に依拠して、開拓使事件の五代無実をさらに具体的に論証することでした。

年が明けた平成三一年（二〇一九）から本格的な執筆に入り、徹夜を繰り返しながら、同年末にはほぼ脱稿するところまで作業を進めることができました。原稿の分量は四〇〇字詰原稿用紙換算で一、〇〇〇枚を超えていました。二〇二二年四月からの大阪市立大学と大阪府立大学との統合が決まっていたので、私は統合の一年以上前に伝記を刊行したいと考えていました。それが叶って、令和二年（二〇二〇）九月一〇日に『新・五代友厚伝——近代日本の道筋を開いた富国の使徒』がＰＨＰ研究所から刊行されました。

私は拙著の最終章で、五代の業績を次のように要約しました。

実際、五代は「富国の使徒」として、個人の利益は度外視して、国益・公益のために生きました。五代が直接手がけた事業のうち、弘成館は国益・公益の王道を行く、気宇壮大な富国のための事業でした。国家プロジェクト的な壮大さを有し、殖産興業が緒についたばかりの時期に、よく耐えて資源開発を持続するとともに、諸鉱山のある地域に大きな雇用を創出しました。そして、職員の包括的な福利厚生を組み込んだ、整序された運営・経営諸規則は、時代に先駆けた先進性を備えていました。ただ、同じく国益・公益ために国家プロジェクト的に取り組まれた製藍事業の朝陽館は、構えの過大さのために、富国の目標に届かないばかりか、経営そのものを危うくしました。しかし、それは自己の企図の根本に常に国益・公益を置いた五代の、富国の夢への挑戦でした。

明治十年代に入って、五代は企業的事業以外にも大きな足跡を残しました。大阪商法会議所をつくって事業者の横断的結合を進めたのも、大阪商業講習所を創設して商人と大阪府民に学問の機会を提供したのも、関西貿易社を創設して直貿易を進めようとしたのも、国益・公益のためでした。

そして、五代の正当な評価を妨げている「政商五代への官有物払い下げ説」について、このように書きました。

ただし、五代の正当な評価を妨げている事情があります。第八章で詳しく述べましたが、北海道開拓使官有物払い下げ事件についての歴史学界の定説が、悪徳商人五代友厚というがごとき誤った人物像を社会に定着させました。高等学校の日本史教科書にそのように記述されることは、社会的烙印を押されるのと同じです。それは五代の評価に棘《とげ》のように突き刺さったままです。本書が契機となって、その定説が社会的に正され、五代の無実が満天下に明らかになることを願わずにいられません。

八木孝昌著『新・五代友厚伝』

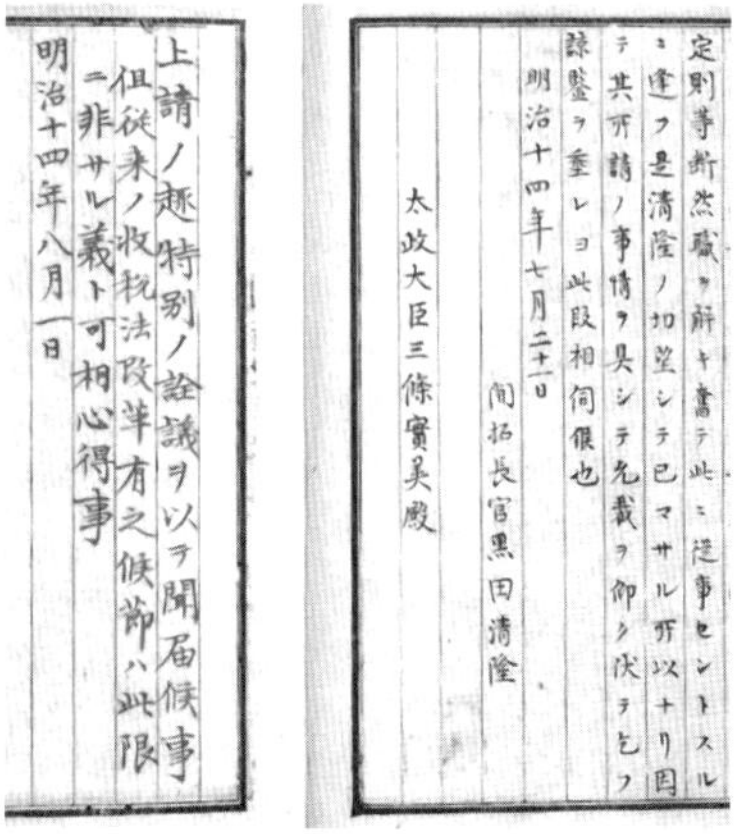

定則ヲ断然藏ヲ解キ書テ此ニ従事セントスル
ニ逢フ是清隆ノ切望シテ已マサル所以ナリ因
テ其所請ノ事情ヲ具シテ允裁ヲ仰ク伏テ乞フ
諒鑒ヲ垂レヨ此段相伺候也
明治十四年七月二十一日
開拓長官黒田清隆
太政大臣三條實美殿

上請ノ趣特別ノ詮議ヲ以テ聞届候事
但従来ノ收税法改革有之候節ハ此限
ニ非サル義ト可相心得事
明治十四年八月一日

開拓長官黒田の三條太政大臣宛「伺」 国立公文書館所蔵

四、出版記念式典から特別講義へ

同年九月二六日、大阪市立大学本館地区の「五代スクエア」で『新・五代友厚伝』出版記念式典が開かれました。児玉隆夫同窓会長を初めとする同窓会関係者と来賓の荒川哲男学長や湯浅勲教育後援会代表幹事の出席のもとに、五代の銅像の横に設置された出版記念碑が披露されました。

大阪市立大学には「学長特命科目」として「大阪の知――グローバル視野と最先端から見る大阪」という全学部の学生を受講対象者としたオムニバス講座がありました。私は前年の令和元年（二〇一九）一〇月に「大阪の恩人・五代友厚」というテーマでこのオムニバス講義を受け持ちましたが、この年にも依頼があったので、今度は「五代の濡れ衣」というテーマにしぼった講義をしました。講義日は一〇月一四日、会場は旧教養地区全学共通教育棟でした。

開拓使官有物払い下げ事件については、高校日本史教科書はそれぞれに、

開拓長官黒田清隆は設置以来一、四〇〇万円を投じた事業を三九万円、無利息三〇年年賦という破格の条件で同じ薩摩出身の政商五代友厚らの関西貿易社に払い下げよ

うとし、藩閥と政商の結託と批判された。

という趣旨の記述をしています。

岩波書店の『日本史年表』は明治一四年の項で、

七・二一 参議兼開拓使長官黒田清隆、官有物払下げを申請（七・三〇 勅裁により五代友厚・中野梧一の関西貿易商会に代価三八万円、無利息三〇年賦で払下げ決定、八・一 発表）七・二六「東京横浜毎日新聞」社説（～二八）、開拓使払下げ問題を暴露。

と書いています。そこでは、歴史的事実として、政府が五代友厚らの関西貿易社に官有物払い下げの決定をしたことになっています。なお、「関西貿易社」を「関西貿易商会」と『年表』が記しているのは、明治一四年七月二六日の「東京横浜毎日新聞」が社名を間違えたのをそのまま踏襲しているためです。

平凡社の『日本史事典』も払い下げ事件を「明治初期、藩閥と政商との結託が引き起こした事件」として、一八八一年の満期にあたり、薩摩閥の開拓長官黒田清隆は開拓使の官有物であった鉱山、船、倉庫などを同郷出身の五代友厚らの関西貿易商会ほかに三八万七〇〇〇余円で、無利息三〇年賦という破格の条件で払い下げようとした。

と記述しています。

私は五〇人ほどの学生たちに対して、これらの記述を紹介しながら、それがまったくの虚偽であると、証拠史料を示して説明しました。そして、このような理不尽な誤解の中に置かれている「開学の祖」五代の名誉を回復するのは大阪市立大学関係者の責務であることを訴えて講義を結びました。講義が終わったとき、教室の奥で傍聴していた荒川哲男学長が席を立ち、前へ出てきて、学生たちに語り始めました。

高校教科書が開学の祖である五代公について間違ったことを書いているのを放ってはおけません。私は学長として必要な対策を考えます。——

荒川学長のこの発言が、翌年から開始された五代名誉回復活動の口火となりました。この特別講義には宮田輝美ディレクターのもとで、関西テレビのカメラが入っていましたが、そのカメラに誰も予想しなかった学長発言が収録されました。

関西テレビのそのクルーは、五代友厚を主人公にした三浦春馬主演の自主制作映画「天《てん》外者《がらもん》」の準備過程を追いかけていました。その途中で五代伝執筆の情報を得て、五代映画制作と五代伝刊行の両方を視野に入れた番組づくりへと構想をふくらませていた矢先のことでした。結果として、このドキュメント「天外者五代友厚」は、本格的な一時間番組としてその年の一二月二〇日に放送されました。

五、寄せられた二、三の私信

この章の最後に、拙著『新・五代友厚伝』に対して寄せられた私信の二つ三つを引用します。過褒の面がないわけではありませんが、同書がどのように受け止められたかの参考資料として紹介するものです。

最初は、私が執筆中に教えを乞うた末岡照啓住友史料館研究顧問からの令和二年（二〇二〇）八月三一日付書状です。

本書を拝読致し　八木様の原資料に基づく実証的なご研究に敬服致しました　おそらく長年の万葉集研究の中で培われたものと存じます　従来の五代友厚伝がいかに学問の基本に忠実でなかったかを本書を通じて実感いたしました　学問はその道の権威者と呼ばれる研究者の定説に盲従するもではなく　つねに事実確認を怠らず　新説を希求することで進化していくものです　その意味で御高著は定説に一石を投じた好論と評価されます

また五代友厚を学祖と仰ぐ大阪市立大学の同窓会から発刊された意義は大きく　八木様がその大任を担われたことは幸福でした　五代の使徒としてその役割を充分に果されました　明治十四年に盟友の大隈重信も五代と共に失脚しましたが　大隈が創立した早稲田大学の教え子たちの手によって伝記や史料集が刊行され　名誉が回復しました　本書によって五代友厚の名誉が回復することを祈念いたします

最後に書かれている「本書によって五代友厚の名誉が回復することを祈念いたします」は私も強く祈念するところでしたが、前節に書いた荒川学長発言によって、その端緒が開けたのでした。

次は小西嘉幸大阪市立大学名誉教授（元同大学文学部教授）からのメールです。


いま第五章に入ったところですが、まずは御一報です。

まず最初に一太刀をふるうという導入が非常に効果的で、読み手を惹きつけています。

そして以前にお聞きした、英国海軍上陸のおりの五代の「大言壮語」の無根拠性をあばいてみせるなど、すべての点で信頼できる史料のみによるという当然といえば当然のことをやり抜いているのに感心しました。史料収集にどれだけの労力を要したか、想像をこえていますが、そのうえに一本の筋が通っているのが素晴らしいです。

これからも少しずつ読み進めていきますが、読了したときにもう一度メールをします。

小西嘉幸（二〇二〇・九・一一）

六三〇ページの大作、読了したあと、再度第八章を読み直しました。日本の評伝としてはここ数年のベストと言えるでしょう。冒頭第一部第一章、中間の「堺事件」、最後の開拓史事件と三つの頂点を置き、そして刀を納める最終章へと続く構成が見事です。それにいつのまにか幕末・明治維新史が頭に入ってくる筆力はたいしたものです。

（中略）

私たちもそろそろ「晩年」になりましたが、長い付き合いのなかでこれだけの仕事をされたことを我がことのように誇りに思います。（二〇二〇・九・三〇）

最後は、田畑理一大阪市立大学名誉教授（元同大学経済学部教授）・大阪経済法科大学学長からの九月二二日付書状です。

私が驚いたのは、宮本又次の『五代友厚伝』が五代友厚についての決定版、「名著」とされてきたにもかかわらず、それが、片岡春卿『贈正五位勲四等五代友厚君伝』、五代龍作『五代友厚伝』からの孫引きが多く、まさに「政商五代」イデオロギーを固定観念とした、私が敢えて言えば、「やっつけ仕事」であったことを八木さんが綿密に実証されたこと、このことを徹底的に資料を突きつけて論証されたことです。見事というしかありません。よくぞここまで書いた、というのが正直な感想です。

（中略）

八木さんがこのような大業の達成が可能だったのは、日本史、日本経済史の学会に属さず（学会に属していたら遠慮が生じるし、大家への批判という大仕事に向かう気力をそがれてしまいます）、さらに、万葉集の研究およびそのほかの研究において、資料調査と吟味の力を鍛えたからだと思います。その上に、本書の後書きでも書いておられますが、五代の実像を確定し、開拓使事件の汚名をすすぎたいという一種の執念のようなものが、このような大作を可能にしたと思われます。

第二章　文部科学省訪問から「見直しを求める会」結成へ

一、学長との懇談――ジャンプの始まり

令和二年（二〇二〇）一二月七日、荒川学長から声がかかって、児玉隆夫同窓会五代友厚記念事業委員会（以下、五代委員会）委員長と私が医学部の会議室へ行きました。用件は、どのようにしたら日本史教科書の五代記述の誤りを正せるかという相談でした。「五代無実の証拠が歴然としているのに、教科書が間違った記述を継続しているのだから、教科書の検定をしている文部科学省初等中等教育局教科書課を訪ねて、要望してはどうか」が話題となったとき、「この大学に文部科学省から出向している田頭理事がいるので、ここへきてもらって相談してみよう」と学長が言って、電話連絡をしました。田頭吉一理事は隣のビルにある法人本部にいたようで、ほどなく到着し、次のように自己紹介しました。

私は鹿児島の出身で、大阪市立大学が五代友厚を開学の祖とすることは知っていましたので、私がこの大学で仕事ができるようになったことを喜んでいるのです。

この自己紹介で話がはずみ、さまざまの意見交換のあと、私たち三人は田頭理事に文部

科学省教科書課との話し合いを調整してもらうようお願いして、打ち合わせを終えました。

医学部からの帰り道に児玉委員長が、「これはホップ・ステップ・ジャンプや。もしかしたら、このことはうまく行くかも知れん」と言いました。ホップは二〇一六年の五代銅像学内建設です。そのときには五代伝刊行の構想はありませんでした。二年後に五代伝刊行の計画が同窓会から打ち出され、二〇二〇年に出版されました。それが結果としてステップとなりました。そのときに五代名誉回復活動の計画はありませんでした。そしてジャンプとしての五代名誉回復のための動きが具体的に始まったのです。

二、『開学の祖　五代友厚小伝』刊行

『新・五代友厚伝』は気軽に読んでもらうには大部な書物でした。そこで五代伝刊行のために寄せられた募金の残金を充当して、ダイジェスト版の『開学の祖　五代友厚小伝―高遠な志・進取の精神・利他の心』が令和三年（二〇二一）二月二八日に同窓会から刊行されました。私は執筆に当たって、Ａ４サイズの冊子の見開き二ページに一話が収まるように原稿量を調整していました。巻頭には、岡本直之新同窓会長の「ごあいさつ」と児玉隆夫同窓会五代委員会委員長の「発刊によせて」を置き、全一八話と年譜を入れた四〇

ページの冊子ができあがりました。この冊子は非売品の扱いとなり、その年の卒業生、新たな入学生、そして教職員に無料で配布されました。

同時にこの『五代友厚小伝』は五代の真実を伝える普及版として各方面に配布され、五代無実の広報役を担いました。「大阪府内の公立高校の日本史の副読本にしてもらったらどうか」という声が荒川学長から出るほどでした。

三、文部科学省訪問

文部科学省訪問の日程は同年三月一五日に決まりました。当日朝、荒川哲男学長・田頭吉一理事・事務方職員・私の四人が新幹線で東京に向かいました。そして昼頃、文部科学省初等中等教育局の一室で、私たちは神山弘教科書課長と村山嘉審教科書課教科書検定調整専門官の二人に会いました。

まず荒川学長が来訪の趣旨について、大阪市立大学は五代友厚を開学の祖としているが、その五代が高校日本史教科書において政商として開拓使官有物の払い下げを不当に安い価格で受けようとしたと書かれている、けれども、それは事実に反していて五代は無実なので、どのようにしたら教科書の記述訂正が可能かのご相談に来たと述べました。そのあと、私が明治十四年に政府が開拓使官有物の払い下げを決定した折の政府史料のコピーを使って、各高校日本史教科書の個別の記述が事実に相違していることを説明しました。話を聞き終ったあと、神山課長は次のように発言しました。

文部科学省は教科書をこのように書くべきであると教科書会社に指導する立場にはない。教科書検定とは、民間で著作・編修された教科書用の図書が教科書として適切か否かを審査するものである。

それを聞いて私は質問しました。

しかし、教科書記述が事実に相違するというこれだけ明確な史料が存在するのだから、教科書への指導はありうるのではないか。

これに対する神山課長の答弁はこうでした。

教科書記述が事実に相違するか否かについては、学界の認識や世論の動向といったものが関係してくる。その点では学界への働きかけや世論形成の努力をしてもらうのがよいのではないか。

私たちはこのようなやりとりから、五代無実を教科書に反映するためには、学界への働きかけや世論形成の地道な活動の継続が必要であるという示唆を受けたのだと理解して、この話し合いを終えました。

四、大阪府教育庁主席社会教育主事からの文書

令和三年（二〇二一）九月二五日に五代委員会が開催されたとき、その場に「『五代友厚官有物払い下げ謬説を正す会　設立趣意書』を拝読して」と題する高松智大阪府教育庁主席社会教育主事名の文書が配布されました。これは荒川学長が前大阪府教育庁であった酒井隆行理事に、標記「設立趣意書」についての感想に加えて、大阪府の高校現場では開拓使官有物払下げ事件や五代記述をどのように教えているのかを訊ねていたところ、その求めに応じて執筆された長文の文書でした。当文書では令和四年度より新学習指導要領に即して、近代以後の世界史と日本史を融合した「歴史総合」が必履修科目となり、「日本史探究」「世界史探究」「地理探究」が選択科目となるという大きな流れが説明されたあと、高校の現行歴史教科書における五代記述の有無を調査した資料が掲載されていました。そのうえで、高等学校の教育現場での五代扱いが次のように書かれていました。

高校現場の授業では、現行課程の多くの教科書が、「払下げ事件」について「開拓使長官の黒田清隆が官有物を同じ薩摩出身の政商五代友厚らが関係する関西貿易社に不当に安い価格で払い下げようとして問題化した」旨のことを記していますので、基本的にはこのとおり教え、知識として黒田清隆や五代友厚も覚えておくように指導しています。なぜなら、大学入試問題で（教科書に記載がある以上）黒田清隆や五代友厚が問われる可能性があるからです。また、高校の教科書で五代友厚が登場するのは、払下げ事件の箇所だけですので、どうしても私利を追求する政商というマイナスイメージの強い人物として生徒は捉えがちになります。

しかし、大阪で教鞭をとっている先生方の中には（私も含め）、大阪の高校生に対しては、五代友厚の功績（大阪商法会議所（大阪商工会議所の前身）、大阪商業講習所（大阪市立大学の前身）、大阪株式取引所の設立等に尽力）についても話をし、大阪の経済発展に大きく貢献した人物であることを教えられている方も一定数いるように思います。（そうした先生方には、五代が私利私欲だけの政商ではないことを生徒に理解してほしいという思いを持っておられます。）

私は高松主事に早速礼状を送りました。その後主事は大阪府立牧野高等学校校長に転出となりましたが、私は活動が節目を迎える度に報告を継続しました。

五、鹿児島訪問と活動の転換

世論形成の方法のひとつとして、五代の無実を学術的に明らかにするシンポジウムを大阪市立大学で開催する案が浮上していました。同時に、文部科学省訪問で世話になった田頭理事がその年の四月に鹿児島大学理事兼副学長に異動となっていましたので、五代シンポジウムを五代の地元の鹿児島で開催するために、鹿児島大学が大阪市立大学との連携のもとで共催のようなかたちをつくれないか、という案も浮上していました。

荒川学長と事務方職員と私（同窓会五代委員会委員の立場）は七月一六日に鹿児島へ出張し、まず鹿児島大学名誉教授で志學館大学原口泉教授を志學館大学に訪ねました。原口教授は日本近世史・近代史、特に薩摩藩や琉球の歴史に造詣が深く、『近代日本を拓いた薩摩の二十傑』（燦燦社、二〇一九）などで五代についての著作もある碩学です。

私たちは今後の活動の進め方について原口教授と意見交換をしたあと、夕刻に田頭鹿児島大学理事兼副学長と市内で会い、五代シンポジウムの共同開催の可能性について意見交換しました。

このような流れの中で、「五代友厚官有物払い下げ説見直しを求める会」（以下、「見直しを求める会」と略称）の結成が準備され、荒川学長が代表に就任することが関係者の間では前提になっていました。ところが異変が起きました。

荒川学長が九月一七日に同大学の歴史を専攻する文系のY教授とS教授を、五代名誉回復活動についての参考意見を求めるために学長室に招いていたのですが、その二人は学長が予想していなかった発言をしました。

Y教授は、「見直しを求める会」の代表に学長が就任する意向のようであるが、そのことは学内の教職員の合意を得ておらず、不都合である、と発言しました。S教授は、文部科学省に対して、日本史教科書の記述間違いを訂正するよう指導してほしいと要望するのは、我々としては教科書検定制度を容認していないのであるから、賛成しがたい、と発言しました。後者の意見は見解の相違ということですますことができますが、前者の意見は大学運営の手続き上の問題ですので、受け止めざるをえない感じでした。私が二人の教授の学長訪問を知っているのは、学長と二人の教授の意見交換の場に私も同席することになっていたからです。

話が終わったあと、学長はすぐに児玉委員長に電話をかけ、自分が「見直しを求める会」の代表に就任できなくなったことを伝え、児玉委員長にその役を引き受けてほしいと依頼しました。児玉委員長は同窓会の関係者と相談して判断したいと答えました。

六、五代友厚特別展の企画

鹿児島県いちき串木野市に薩摩藩英国留学生記念館という施設があります。薩摩藩は慶応元年（一八六五）に幕府の禁制を侵して、五代を含む視察員五名と若き藩士一四名の留学生合わせて一九名を英国に派遣しましたが、出発地となった羽島の浦にいちき串木野市が平成二六年（二〇一四）に開館したものです。

その記念館で令和三年度（二〇二一年度）の市の企画として五代友厚特別展を開催することが決まり、会場で上映するドキュメンタリーが制作されました。同市職員で記念館副館長の奥ノ園陽介さんから私に連絡が来て、私をインタビューする画像を撮りたいという話がありました。大学の協力を得て、一〇月二八日、田中記念館ホールを会場にしてインタビューの録画が行われました。

折しも「見直しを求める会」を立ち上げようとする直前でしたので、私は次のようなことを話しました。ひとつは、日本史教科書等で五代は悪徳商人的扱いをされているけれども、五代無実の証拠が存在することを、払い下げ決定時の政府史料の写しを示しながら説明しました。もうひとつは、拙著『新・五代友厚伝』刊行を契機に五代名誉回復の機運が起こり、「見直しを求める会」をつくって、教科書会社に記述訂正を求めたり、教科書検定を行う文部科学省への署名活動を行ったりする活動が始まろうとしていると述べました。すると五代の人物像について質問を受けましたので、「赤心の人――まじりっけのない真心をもって公に尽した人」と答えました。「赤心」は「赤き心」ともいいますが、五代友厚が座右の銘とした言葉で、書簡でも幾度も使っています。また五代を崇敬してやまなかった薩摩の後輩前田正名は五代を追悼する歌に五代のひととなりを象徴する言葉として「赤き心」を次のように使っています。

時くれば赤き心もあらはれて惜しまれて散る紅葉なるらん

「曇りのない真心」という意味の「赤き心」は、令和四年（二〇二二）二月五日から六月二七日までの長期にわたって開催された特別展の名称「ＲＥＤ　ＨＥＡＲＴ―赤き心―

五代友厚展」に使用されました。そして、私へのインタビューは約一時間のドキュメンタリー映像「ＲＥＤ ＨＥＡＲＴ―赤き心―五代友厚展」の中に編集されて、会場で上映されました。

地元鹿児島県で開催されたこの意欲的な特別展と映像は、五代の真実を伝え、五代への認識を高めるのに大きく寄与したに違いありません。特別展が終わったあと、ドキュメンタリー映像はＹｏｕＴｕｂｅにアップされました。「五代友厚　赤き心　ＹｏｕＴｕｂｅ」で検索すると、この映像を見ることができます。

なお、同じワード検索で、ＹｏｕＴｕｂｅに「赤き心―五代友厚の歌」も出てきます。これは京都在住のシンガーソングライター堀内圭三さんに頼まれて私が作詞した歌詞に堀内さんが曲をつけ、自ら歌っているものです。奇しくも二つの別々の映像が「赤き心」でつながることとなりました。

七、「見直しを求める会」結成

一一月三日、大学本館地区の講堂で大阪市立大学としての最後のホームカミングデーが「ラストホームカミングデー　未来へ続け　イチダイ魂」と銘打って開催されました。そして、その企画のひとつに「五代友厚とともに」が設けられました。

同企画において、児玉隆夫五代委員会委員長より、教科書等の五代記述訂正を求める取り組みについての報告が行われました。そして、大阪市立大学関係者を中心にして「五代友厚官有物払い下げ説見直しを求める会」の発起人会を募ってきたが、四七人の賛同者を得たので、本日その会を発足させたい。会の代表には同窓会が中心になって準備を進めてきた関係上、五代委員会委員長の児玉隆夫が当たり、その実務は同窓会事務局が担う、などのことが発表されました。

「見直しを求める会」の活動内容は次節にゆずりますが、そのひとつとして掲げられた文部科学省への署名活動については、その取り組みの出発点として講堂の壇上で、荒川学長・岡本直之同窓会長・湯浅勲大阪市立大学教育後援会代表幹事・児玉代表・八木五代委員会委員の五人による署名が行われました。

会場には関西テレビのクルーが入り、取材に当たりました。

文科省要望書署名式（講堂）左より児玉・湯浅・荒川・岡本・八木

堀内圭三 作曲「赤き心―五代友厚の歌」楽譜

八、活動の柱

一一月三日付で結成された「見直しを求める会」の活動方針は三点でした。一一月三日付で発表された「五代友厚官有物払い下げ説見直しを求める会　設立趣意書」は、同会の目的を次のように書いています。

本会の目的は、「諸高等学校日本史教科書における『政府は五代友厚らの関西貿易社に開拓使官有物を払い下げようとした』との記述が修正されること」にあります。本会はこの目的を達成するために、声明文の作成、教科書会社への働きかけ、文部科学省への要望、大阪市立大学と同大学同窓会の共催による「五代友厚官有物払い下げ説を見直すシンポジウム」の開催等を計画しております。

活動内容に挙がっている「教科書会社への働きかけ」は、各高校日本史教科書各社に五代記述の訂正を要望する文書を送ることでした。「文部科学省への要望」は、次回の日本史教科書検定時に五代記述の間違いが正されるような対応を文部科学省に要望する署名活動でした。署名活動には世論を幅広く形成する意味合いが含まれていました。そして「大阪市立大学と同大学同窓会の共催による『五代友厚官有物払い下げ説を見直すシンポジウム』の開催」とは、令和四年（二〇二二）一月に大阪市立大学でシンポジウムを開催し、趣旨にふさわしい講師陣による五代研究の最新の到達点を明らかにすることでした。

荒川学長は「見直しを求める会」の発起人に一教員として加わることにはなりましたが、活動の全体を牽引する立場からは退きました。その結果、鹿児島大学との連携による両大学での「五代シンポジウム」の開催という構想は実現せず、大阪市立大学での単独開催となりました。ただし、鹿児島大学法文学部に新たに「鹿児島の近現代」教育研究センターを設置する計画が具体化し、その教育研究センターが大阪市立大学での「五代シンポジウム」に連携するという方向に話が進みました。

九、「青天を衝け」の脚本

令和三年のＮＨＫ大河ドラマ「青天を衝け」の一一月二一日放送分、第三六回「栄一と千代」で開拓使官有物払い下げ事件が取り上げられました。映像からセリフを聞き取ってみると、以下のようでした。

（ナレイション）

その頃、政府では大問題が起きていました。

自由民権派：（手に「東京横浜毎日新聞」を持って街頭演説）五代友厚は薩摩出身の御用商人じゃ。薩長で固められた藩閥政治を許すな！（そうだ！の声）

（ナレイション）

北海道開拓使の官有工場が薩摩の五代友厚に不当に安く払い下げられると報じられたのです。

（政府庁舎の部屋）

伊藤博文：こげな記事はデタラメじゃ。政府を悪者にしおって。

井上馨：奴らは我々長州や薩摩を特に嫌っておる。払下げに反対した大隈さんだけをえろう褒めたたえて、我々を悪者にしようとしておる。大隈さんは北海道を狙っとる岩崎に便宜を図ろうとしてウンと言わんかっただけじゃのに。

伊藤：うん、大隈さんなあ。（しばらく考えて）これはいい機会かも知れん。

（伊藤博文が夜中に大隈重信を訪ねる場面があって、「たった今臨時の御前会議が終わりました。どうか辞表を出してください」と切り出す。「明治十四年の政変」の字幕が出る。）

（一室で五代友厚と渋沢栄一が対面）

五代：とんだとばっちりじゃ。よくもここまで人民の目の敵にされるとは。おいは汚か商いは何もしちょらん。

渋沢：なぜ反論しないのですか。そもそも新聞が書いていることもデタラメばかりじゃありませんか。

五代：そのうち別の新聞が真実を書いてくれるじゃろう。

渋沢：しかし世間が話題にするのは悪意ある興味本位のウソばかりじゃ。もしそのウソのみが広まって、あなたの名誉に後々まで傷がついたらどうするのですか。

五代：じゃどん、おいが文句を言ったら、大隈君がさらに叩かれるだけじゃ。

テレビから聴き取っただけなので、正確でないところがあるかも知れませんが、おおよそこんな出だしでした。この脚本は「東京横浜毎日新聞」の記事が誤報である、という前提に立っています。五代が「そのうち別の新聞が真実を書いてくれるじゃろう」と語っているのも、「郵便報知新聞」の九月五日号と「朝野新聞」の九月六日・七日号が払い下げ政府決定文書を掲載して、払い下げが開拓使上級官吏の設立した民間会社に対して行われたことを報道していますので、事実に即していることになります。歴史番組ではなく、ドラマであったとはいえ、五代払い下げの新聞報道が誤報であるとするシナリオによって番組がつくられたのは画期的なことでした。

十、大森美香講演会

令和三年一二月一七日に大阪商工会議所の年次会員大会が開かれ、一連の行事ののち、その年のＮＨＫ大河ドラマ「青天を衝け」の脚本を担当した大森美香さんによる講演会がありました。演題は「『青天を衝け』『あさが来た』で書いた渋沢栄一と五代友厚」でした。

その講演の始まる前に、商工会議所の好意的な計らいによって、私が大森美香さんに挨拶できることになりました。私は当日、会議所会員である同窓会五代委員会メンバーの大西基勝さんと一緒に大森さんに会い、『青天を衝け』第三六回放送の脚本で五代無実の観点から開拓使事件を扱ってもらったことに感謝の気持を伝えました。すると、思いがけない返事が返ってきました。

脚本を書く上で『新・五代友厚伝』を参考にしました。番組スタッフもあの本は読んでいましたが、私が一番熱心に読んだはずです。本のあちこちに付箋が貼ってあります。

私はそれを聞いて、『新・五代友厚伝』が大河ドラマに生かされ、五代を無実とする挿話として全国に放送されるのに役立ったことを知りました。五代が真正面から無実であると描かれたことは、世論形成に少なからぬ寄与をしたにちがいありません。

講演のあとの質疑で、五代友厚を主人公に据えた大河ドラマが企画されたら、脚本を書く用意があるかと尋ねられた大森さんは、「そのような話が来れば、ぜひ書きたい」と答えました。会場からは大きな拍手が湧きました。

十一、教科書会社への要望書

教科書会社への要望書は、令和三年（二〇二一）一二月二七日付で実教出版・清水書院・第一学習社・東京書籍・山川出版社の五社に送りました。（実際には七社に送りましたが、二社は関係がないことが分かり、最終的には五社に絞りました。）また、翌年一月二六日付で『日本史年表』を刊行している岩波書店へも同趣旨の要望書を送りました。そのうち、清水書院へ送った要望書を掲げます。要望書中の一部、宛先個人名・拝啓等の形式語・「見直しを求める会」事務局情報等の文言は省略します。なお、他社へ送った要望書も、当該社の開拓使官有物払い下げ事件を説明した個所の引用以外は同文です。

令和三年一二月二七日
五代友厚官有物払い下げ説見直しを求める会
代表　児玉隆夫（大阪市立大学元学長）

清水書院社長　様

私、大阪市立大学同窓会五代友厚記念事業委員会の委員長児玉隆夫は、標記「見直しを求める会」の代表として貴職に本状を差しあげます。

大阪市立大学は明治一三年に五代友厚が中心となって創立した大阪商業講習所を母体としており、五代は同大学の開学の祖となっております。その五代について貴社高等学校教科書『高等学校　日本史B　新訂版』（令和二年発行）は以下のように記述されています。

開拓使官有物払い下げ事件

開拓使の廃止を前に、長官の黒田清隆《くろだきよたか》が同じ薩摩出身の政商五代友厚《ごだいともあつ》に、約二〇〇〇万円を投じた事業を三八万円余という不当に安い価格で払い下げようとして問題となった。

しかしながら、明治一四年に開拓長官黒田清隆が「五代友厚に三八万円余という不当に安い価格で開拓使官有物を払い下げようとした」事実はありません。政府が決定した払い下げ先は開拓使の安田定則以下四人の上級官吏が退職をして設立する予定であった民間会社に対してであり、このことは国立公文書館が所蔵する開拓使官有物払い下げの政府決定原資料によって明白です。

昨年九月に大阪市立大学同窓会の企画による『新・五代友厚伝』（ＰＨＰ研究所）が刊行されたことを契機として、史実に基づいた五代についての記述を日本史教科書各社にお願いするために、本年一一月三日に大阪市立大学関係者および有識者四七名は「五代友厚官有物払い下げ説見直しを求める会」を発足させました。

つきましては、当会代表の私児玉隆夫が直接貴社をお訪ねして、貴社高等学校日本史教科書の五代記述について、見直しをお願いしたいと思っております。ぜひその機会を設けていただきますようお願い申しあげます。お聞き届けいただける場合には、荒川哲男（大阪市立大学学長）と八木孝昌（『新・五代友厚伝』著者）とを同伴してお伺いいたします。同封返信用封筒にて一一月二〇日までにご返事たまわれば有難く存じます。

《添付資料》

① 国立公文書館蔵「開拓使官有物払下許可及び取り消しの件（明治一四年）」写し一式

② 『開学の祖　五代友厚小伝』（大阪市立大学同窓会刊）

○ 添付資料の説明

① **国立公文書館蔵「開拓使官有物払下許可及び取り消しの件（明治一四年）」**

当資料は明治一四年に政府が開拓使官有物払い下げを検討し、決定した際の原資料です。資料は大きく二つに分かれています。ひとつは、開拓長官黒田清隆が三条実美太政大臣に宛てて書いた、官有物を開拓使幹部官吏四人が退職して設立する民間会社に払い下げたいとする七月二一日付「伺」、および開拓使幹部官吏四人による黒田長官宛て申請書と払い下げ物件明細書です。もうひとつは、内閣における「伺」文書の「回覧」から「承認」、「取消し」に至る一連の公文書です。いずれの政府文書においても五代は無関係で、五代の名前が出てくることはありません。

② **「開学の祖　五代友厚小伝」（大阪市立大学同窓会刊）**

『新・五代友厚伝』のダイジェスト版です。大阪市立大学の学生や教職員に同窓会が無償配布しました。第一五話～第一七話で払い下げ問題を取り上げ、五代の無実を論じています。

その他「五代無実」を示す文献等について

① **近年の歴史書における「開拓使官有物北海社払い下げ説」**

1．『明治史講義【テーマ編】』第一〇講（早稲田大学教授真辺将之、ちくま新書、二〇一八年）

――「従来、この官有物の払下げ問題については事実誤認が非常に多い」とし、「払下げ先は関西貿易社ではなく、開拓使官員の安田定則・折田平内らの設立した北海社」とし、さらに「当時の新聞の誤報に基づくこの事実誤認は、現在でも各種歴史書にそのまま記載されていることが多い」と記述しています。（一七〇ページ）

2．『明治十四年の政変』（武蔵野学院大学教授久保田哲、集英社、二〇二一年二月）

――「七月に入ると、開拓使大書記官の安田定則、開拓使書記官の鈴木大亮・折田平内・金井信之という薩摩グループの四人が、払下げに関する意見書を黒田に提出した。その払下げ先が、安田・折田が設立した北海社であった。安田らは職を辞して、北海社の経営に従事することを表明した」という記述があります。（一六九ページ）

② **ＮＨＫ番組による「五代への払い下げ説」の否定**

ＮＨＫ歴史番組「英雄たちの選択　伊藤VS大隈」（放送二〇二一年八月一一日）

――標記番組は、明治一四年の開拓使官有物払い下げ事件を説明して、開発長官黒田清隆が開拓使官有物を「部下の役人につくらせた商社に払い下げようとしていた」というナレイションを入れました。

以上

「見直しを求める会」の事務は、会則によって「大阪市立大学同窓会五代友厚記念事業委員会（通称五代委員会）が行う。この場合の五代委員会はオブザーバーとして加わる学生および大学職員を含めた拡大五代委員会とする」となっていましたが、その拡大五代委員会の検討によって、年が明けた一月二六日に岩波書店にも同趣旨の要望書が送られました。五代の関西貿易社への払い下げ説をとる岩波書店の『日本史年表』は教科書と同じように社会的影響力が大きいという判断によるものでした。

第一次要望書には返信用書類が同封されていて、①当会の代表者たちと会って協議する、②要望事項を検討する、③要望事項は検討しない、の選択肢に答えてもらうようになっていましたが、後日届いた返答はいずれも「要望事項を検討する」でした。

第三章　五代シンポジウム開催と新史料の発見

一、シンポジウムの開催

令和四年（二〇二二）一月二二日午後一時から、大阪市立大学田中記念館ホールにおいて「五代友厚シンポジウム――開拓使官有物払い下げ説を問う」（大阪市立大学同窓会・大阪市立大学共催）が開催されました。会場への参加者は百人弱、オンライン参加者は七四人でした。

まず児玉隆夫五代委員会委員長が開催趣旨説明を行い、次に、ＮＨＫ連続テレビ小説「あさがきた」（二〇一五年九月二八日～二〇一六年四月二日）とＮＨＫ大河ドラマ「青天を衝け」（二〇二一年）で五代友厚役を演じたディーン・フジオカさんのシンポジウムへのビデオ・メッセージが披露されました。その要旨は次のようでした。

本日「五代友厚シンポジウム」の開催、おめでとうございます。五代さんを二度演じさせていただくことで、その思想を深く掘り下げていくうちに、五代さんが〝夢枕に立つ〟というような不思議な初めての体験もしました。本日お集りの皆さまと同じ思いを有する者の一人として、皆さまの今後のさらなるご発展を祈念しております。

二、末岡報告――発見された新事実

続いて、「基調報告」として末岡照啓住友史料館研究顧問による「五代友厚と北海道開拓使事件の再検討」と題した講演がありました。その講演で五代無実の新事実が発表されたときには、大きな感銘が会場を包みました。

それは佐佐木高行日記『保古飛呂比《ほごひろひ》』（東京大学出版会）中の開拓使事件についての記述でした。佐佐木高行は明治四年の岩倉使節団の一員として欧米各国の司法制度調査に携わってこともある土佐出身の政治家で、板垣退助・後藤象二郎と並ぶ土佐三伯のひとりです。三伯とは三人の伯爵の意ですが、佐佐木は侯爵まで昇叙しています。また明治天皇の信認が厚かったことでも知られています。

『保古飛呂比』第一〇巻の明治一四年九月二九日条には「同日、夜、土方宅にて丸山作《さく》楽《ら》に会す」として、「同人の談話」が記録されています。丸山作楽は明治の外交官・政治家です。

まず、「開拓使事件を黒田（清隆）・山田（顕義）等に親しく聞くに、世上に唱ふる所とはその精神は違へり」として、同事件の様相は当事者たちから直接聞くと世上に語られている内容とは異なっている、と丸山は述べています。そして、次のような具体的な事柄を語ります。

五代友厚に黒田より相計り、関西貿易社にて、充分力を添へて、此の事業（開拓使事業のこと）を盛大にせん事を望みたるに、五代も算当相立てたるも、到底今日にては利益もなく、目的不相立とて、相断りたる由の所、其節、大隈（重信）よりも五代に説諭し、今日は利益なきも、五六年の後には必ず利益起らん、然らば、京摂間及び江州等の豪家は、関西貿易社中夥多あれば、協力して目的を達し候様、尽力ありたしとの事なりしに、五代も十分の受合もせざりし也。

これは驚くべき記録です。開拓使事業を民間で盛大に発展させるために、黒田が五代の関西貿易社による払い下げの引き受けを打診したのに対して、五代は計算したところ今日のところでは利益も出ないし、関西貿易社設立の目的とも合致しないとして断ったと語られています。加えて興味深いのは、大隈重信は五代への開拓使官有物払い下げ案に反対の立場をとっていたのではないかと一部で考えられていますが、大隈は払い下げ引き受けを五代に「説諭」したと語られ、そして五代はそれに従わなかったと語られていることです。

これは新聞記者の政界ゴシップというような性質のものでなく、政府中枢にいた人物たちの間の内情についての情報ですので、信憑性が高いと見なければなりません。

私は『新・五代友厚伝』を書いたときに、黒田長官が官有物払い下げについて五代に打診しているに違いないと前後の事情から推測していました。そこで私は「もし黒田が五代に開拓使官有物総体の払い下げを打診していたとすれば、という仮定の上でのことですが、五代は関西貿易社を準備する中心メンバーたちと協議した上で、黒田に対して否定的な回答をしていたに違いありません」（五五八ページ）と書きました。しかし、私はそれを証する史料を見つけることができませんでした。辛うじて「郵便報知新聞」九月五日号に「我輩の聞く所によるに去る六月中旬関西貿易商会五代友厚氏の大阪より上京し、黒田開拓長官と謀る所あるの後ち黒田君は電報を以て開拓書記官を悉く北海道より喚び寄せ」という文言があるのを見つけたのみでした。このことによって黒田と五代が開拓使事業について話し合いをしたであろうことは想定できましたが、五代が断ったという事実までを引き出すことはできませんでした。

それが『保古飛呂比』によって明らかになったのでした。『保古飛呂比』は日本近代史の研究に欠かせない文献であり、それを著作に引用している歴史研究者もいるのですが、明治一四年九月二九日条は末岡研究顧問が発見するまでは誰も気がつきませんでした。あるいは、見過ごしていました。

これによって、国立公文書館所蔵の「開拓使官有物払下許可」の政府決定史料と合わせて、五代の無実は完璧なまでに論証されました。「五代への払い下げ説」が成り立たないのはもちろんとして、「払い下げを申請したのは開拓使幹部たちだったけれども、その背後には五代がいて北海社と関西貿易社との合併を策していたのだ」という『函館市史』や日本史辞典系の合併陰謀説もまた成り立たなくなりました。このシンポジウムが開催された二〇二二年一月二二日は五代無実が完膚なきまでに証明された日として記憶されなければなりません。

三、八木報告――二段構えの五代関与説批判

シンポジウムの進行役を務めていた私八木が、次に「二段構えの五代悪徳商人説批判」と題して講演を行いました。大意は以下のようでした。

諸高校日本史教科書・岩波書店『日本史年表』・平凡社『日本史事典』等が記述する「政商五代への官有物払い下げ説」とは別に、吉川弘文館『国史大辞典』や小学館『日本歴史

大事典』などは、「払い下げは開拓使幹部がつくる北海社に対して行われたけれども、その背後には五代の関西貿易社があると推定された。同じ薩摩藩の黒田と五代の結託として大きな憤激を呼んだ」という趣旨の説明をして、五代が黒幕であるという見方が存在したと述べています。さらに『函館市史』に至っては「北海社と関西貿易社は、最初から合併を前提に考えられ、世論攻撃を想定した配慮から別会社で出発することにした」と述べて、開拓使事件を五代が黒幕として計略を巡らせた陰謀事件のように見なしています。

このような黒幕説や合併陰謀説が述べられるのは、ずっと後の戦後になって五代家から北海社と関西貿易社との将来の合併を示唆するメモ風文書（大阪商工会議所所蔵「開拓使官有物払下に際し継続会社設立一件」）が出てきたことによります。そうすると吉川弘文館『国史大辞典』や小学館『日本歴史大辞典』が書いている、五代が背後にいると世論が「推定」する五代背後関与説を当時の状況として説明することは不都合です。なぜなら、《合併示唆文書》の存在を知らない当時の世論は、五代直接関与説で沸き立っていたはずだからです。

『函館市史』の見解は論外です。黒田と五代の関係を時代劇の悪代官と悪徳商人の結託のように想定して書かれた架空の物語だからです。あちらこちらに消去の棒線を引いたメモ風の《合併示唆文書》は、北海社への払い下げ方針が固まった段階で、開拓使幹部の誰かが五代に渡すべく、北海社が将来行き詰まったときには関西貿易社への合併で危機を回避できないかという願望をしたためたものである公算が大です。前節で見たように、五代は黒田の払い下げ打診を断っているのですから、合併計画が黒田と五代の間で成立していたなどということがあるはずはありません。

二種類の五代関与説の併存は奇妙です。五代への直接払い下げ説が正しければ、五代背後関与説は間違いであり、五代背後関与説が正しければ、五代への直接払い下げ説は間違いであるという関係にあるからです。しかも、いずれの説も教科書や辞典や市史などの公的な性格を帯びた文献に載っています。この場合、どちらか一方が正しければまだ救いがあるのですが、どちらも間違っています。直接的関与であれ、間接的関与であれ、五代が払い下げ引き受けに関与したという説が誤りであることを指摘する研究が世に出てすでに一〇年以上が経つのに、二段構えの五代関与説は長年そのままになっています。この状態は日本近代史学界の怠慢がもたらしたものであるという以外に説明のしようがありません。それぞれの説が相互に自説と他者説を検証していれば、即座に解決できた程度のたやすい課題を放置してきただけのことです。

私は以上のようなことを述べ、最後にそのような状況は日本近代史学界が総体として対応すべき課題であると問題提起して、報告を終えました。

四、原口報告――渋沢と五代は日本資本主義の父

報告の最後は、鹿児島大学名誉教授で志學館大学教授の原口泉講師による「五代友厚と私」と題した五代人間論となりました。末岡講師と私の報告が「五代無実」の論証を軸とする話であったのに対して、原口講師の報告は五代の先祖・生い立ち・業績・ひととなりを軸として展開されました。原口講師は、五代の人物像を「公益・国の益に殉じた利他の人」と語りましたが、それは開拓使事件における五代の無実を間接的に説明することともなりました。その意味で、この日の三つの報告は基調報告を軸として有機的に結び合った最新の《五代の真実》を構築するものでした。

原口講師の報告は最後に、「五代は渋沢のビジネスの師匠だったと思います。渋沢は、あちこちに国立銀行の支店を出すときに、五代に相談しています」と五代のリーダーシップに言及した上で、渋沢栄一と五代友厚に対して「共に日本資本主義の父」という評価を与えて締め括りました。

五、地元鹿児島からの報告

続いて、ズームによる鹿児島大学法文学部松田忠大学部長からの報告が会場のスクリーンに映し出されました。報告要旨は以下のようでした。

総合大学である鹿児島大学の強みと人文科学系総合学部である法文学部の強みと特色を生かし、私たちは日本の近代化の過程を鹿児島の地域拠点から専門的・学術的に研究する機関として、「『鹿児島の近代』教育研究センター」（仮称）を設置する計画を進めようとしています。また、地域の近代化遺産・自然遺産等を活用する環境整備と多角的・学際的研究、自治体や企業等と連携し、地域の人材育成事業の展開と成果の地域社会への還元を地域貢献事業として展開することにしています。これらの事業を通じて大阪市立大学の皆さまとも連携しながら、地域の活性化を図って行きます。

ここで述べられた計画は具体的に推進され、同年一一月二三日には鹿児島大学法文学部附属「鹿児島の近現代」教育研究センター設立記念シンポジウム「鉱山の鹿児島――近代化を鉱山から読み解く」が同大学稲盛会館で開催されました。翌令和五年（二〇二三）

一〇月二九日には「五代友厚と〈鹿児島の近現代〉」と題したシンポジウムが開催されました。

次に、鹿児島県いちき串木野市羽島にある薩摩藩英国留学生記念館の長崎崇館長からズームによる報告がありました。

当記念館は密航による英国留学・視察に五代を含む薩摩藩士一九人が派遣されるときに出航した羽島の海辺に、二〇一四年に市が開館したものです。以来、二〇万人を超える来館がありました。当館は本年二月一一日から六月二七日まで「五代友厚展」を開催し、パネル展示を行うとともに、会場でドキュメンタリー映像「赤き心」を上映することにしています。近年、五代の史実についての再検討が行われており、そういう流れを織り込みながら、五代の「赤き心」（曇りのない真心）を探ります。

ここで述べられた映像「赤き心」は、すでに述べたように、五代友厚展終了後ＹｏｕＴｕｂｅにアップされました。五代の縁戚者を含む多数の関係者からの証言や五代無実の史料紹介などが盛り込まれた優れた映像作品になっています。

六、諸報告とパネリスト最終意見

さらに、五代たちが創立した大阪商業講習所の後身である天王寺商業高等学校（現大阪市立ビジネスフロンティア高等学校）の同窓会の山田庸男会長から報告がありました。大阪商業講習所の後身としては、天王寺商業高校は大阪市立大学と《兄弟分》の関係になります。山田会長からは「天商同窓会としては、次の世代であるビジネスフロンティア高等学校在校生にも講演会の機会を設けるなど五代を正しく伝える活動を進めるとともに、大阪市立大学同窓会と連携して、五代の汚名を晴らす活動にも取り組んでいきたい」という挨拶がありました。

次に演壇に立った五代友厚研究会の片山翔太代表（法学部二回生）からは、「私を動かしたのは五代友厚の『利他の精神』です。『利他の精神』は尊く、自己犠牲的で、簡単に真似できるものではないことを実感しました。五代公が私利私欲のために、教科書に記述されているようなことをしたとは思えません。将来、教科書記述が変わると信じています」という挨拶がありました。

このあと各パネリストから最終意見が述べられました。

末岡講師からは、「『新・五代友厚伝』執筆にあたって私の論文を参照したいということで八木さんの来訪があったのが始まりで本シンポジウムに招かれたが、八木さんの熱意が荒川学長や児玉前同窓会長を動かして、ひとつのうねりとなって本日のシンポジウムを迎えられたことをうれしく思います」という発言がありました。

講師のひとりである私は、すでに第三章四で述べましたが、大阪商工会議所で大河ドラマ『青天を衝け』の脚本を書いた大森美香さんの講演があった際、大森さんと私が話をしたエピソードを披露しました。

原口講師からは、「このシンポジウムは新しい未来を拓こうとするものであり、これからのビジョンを築くための第一歩となるものだと強く感じました」という表明がありました。

ここで、ズームで参加の田頭鹿児島大学理事兼副学長から次のような発言が寄せられました。

私は縁あって文部科学省から出向して、大阪市立大学理事として仕事をしていた最後の年に、荒川学長先生や八木先生の情熱にほだされて文部科学省まで二人をお連れし、教科書問題についての会談ができるようにさせていただきました。その際に文科省側から「学会を動かす」ようにという示唆をいただきましたので、次に鹿児島大学に赴任したときに、原口泉先生を訪問して、「学会を動かしてださい」とお願いしました。原口先生からは「学会だけではダメだ。世論を動かしなさい」と言われました。確かにその通りだと思いましたので、世論形成にとって役立つような取り組みもさせていただいており、引き続きこの活動の力になりたいと思っています。また、鹿児島大学松田法文学部長より報告がありましたように、今度は鹿児島でシンポジウムを行います。多くの方々のご参加を期待しています。

七、シンポジウム声明と学長謝辞

このあと、シンポジウム声明が採択されました。同声明は次のような文言で終わっていました。

当シンポジウムは長期間にわたって五代友厚について誤った記述を掲載している高校日本史教科書の制作会社に対して記述の訂正を強く求めます。それは高校生に間違った歴史が教えられたことを正すためであるとともに、長年にわたって損なわれてきた五代友厚の名誉を一日も早く回復するために外なりません。

最後に荒川哲男学長から謝辞が述べられました。

鹿児島からはるばるお越しいただいた原口先生、五代無実のエビデンスを初めてここで発表していただいた末岡先生、本当にありがとうございました。これまで五代無実は憶測の域を出ないと五代無実反対の学者は言っていましたが、これで反論はできないと思います。教科書で長く五代は悪徳商人のように扱われてきましたが、その記述が正される日が近づいていると喜んでいます。

このようなシンポジウムができたのも、元をたどれば児玉先生の銅像を作りたいという熱意、八木先生の五代伝出版の執念があったからです。これで終わるのではなく、次は大森美香さんの脚本による五代友厚のNHK大河ドラマが実現し、またダイジェスト版の『五代友厚小伝』が大阪府内中学生・高校生の副読本になるよう大阪府教育委員会への働きかけが行われることを願っています。今年はラストイチダイの年ですが、ラストには「最後」という意味と「続く」という意味があります。五代の記述見直しを求める活動は今後も続いてゆきます。

この謝辞をもって、「五代友厚シンポジウム」は終了しました。これは『新・五代友厚伝』刊行以降に開始された五代友厚名誉回復活動の、明らかにピークをなすイベントでした。なぜなら、学界からは五代無実論は歯牙にもかけられず、社会一般には五代無実を唱える人も確信する人も僅かしかいないのですが、このシンポジウムに参加した人たちは全員が五代無実論の正当性を確信したに違いないからです。シンポジウムの中で使われた言葉を使えば、五代無実の「エビデンス」（真偽を明らかにする証拠、明証）が誰にも分かるように示されたのでした。

五代友厚シンポジウム
—開拓使官有物払い下げ説を問う—
2022年1月22日

五代銅像前のシンポジウム講師たち（左から八木・末岡・原口・児玉）

第四章　署名活動と第二次要望書

一、同窓会による署名活動

文部科学省への署名活動を行うための署名簿には、まず「要望の要旨」が書かれていました。そこには各高校日本史教科書が誤報の新聞記事をもとにして開拓使官有物の五代への払い下げ説を記述していること、政府が決定した払い下げ先は開拓使幹部の安田定則ら四人が設立する民間会社であったことが述べられました。そして、そのことを証する資料として①政府の払い下げ決定文書、②政府の決定した払い下げ先が開拓使幹部であることを報じた八月五日「朝野新聞」、③政府の払い下げ決定文書を掲載した明治一四年九月五日付「郵便報知新聞」および明治一四年九月六日・七日付「朝野新聞」が列記されました。「要望事項」は「上記『要旨』の通り、諸高等学校日本史教科書は明治一四年の政変に関連する開拓使官有物払い下げ問題について史実に反する記述をしているので、次回教科書検定の機会に貴省は史実に基づいた記述に修正するよう該当教科書会社にご指導いただくことを要望します」となっていました。

署名活動は、同窓会の各支部を中心にして推進されました。特に五代の地元の鹿児島支部では熱心な取り組みが行われ、数多くの署名が集まりました。またＤｒｅａｍ五代塾でも会員たちの間で署名が行われました。二月末を締め切りとしていた署名は総数七千を超えました。三月に田頭鹿児島大学理事兼副学長が所用で文部科学省へ出張する折に、この間の五代名誉回復活動の要旨を三月三日付の文書にまとめ、そこに署名活動の報告を含めました。その文書を田頭理事兼副学長に託して、文部科学省に伝えてもらいました。

二、署名活動への意見書

二月二二日に同窓会に大学教員から署名活動の中止を求める意見書が届きました。この教員は前年の九月一七日に学長室で文部科学省への署名活動に異論を述べたS教授です。

最新の五代友厚に関する署名の要望先について、いったん教科書会社あての要望になっていたものが、文科省あてに戻っているようです。

教科書検定制度については、長年、歴史学会や歴史研究者の大多数が、これは憲法が禁じる検閲にあたる疑いの高いものであるとして、その廃止を要望してきたものです。さいきん、政府が行った「慰安婦」問題をめぐる不当な教科書への修正指示を見るにつけ、検定制度を用いて、教科書記述の訂正を、しかも大学の名を冠した同窓会組織が呼びかけることには大きな問題があります。

ご存じのように、五代の開拓使官有物払下げ事件に関する歴史記述は、近年、研究者の間でも認識が変わろうとしていますので、学会での自由な議論を通じて学会の通説が変わり、それが教科書の記述にも反映される、というのが妥当かつ自然な流れです。したがって、性急な形で、直接の当事者ではない同窓会組織が、教科書記述の訂正を文科省に指導するよう求めるのは大きな問題があります。また、教科書会社への要望を社会的に呼びかけることにも問題なしとしません。

したがって、最低でも、要望先を教科書会社あてに再々訂正すること、理想的には、こうした署名運動をやめることを、同窓生の一員として、また歴史研究に携わる文学部の教員として、強く求めたいと思います。

この意見は「理想的には、こうした署名活動をやめること」を求めているもので、一つの立場としてありうる事は認めざるをえません。ただし、その前段で書かれている「五代の開拓使官有物払下げ事件に関する歴史記述は、近年、研究者の間でも認識が変わろうとしていますので、学会での自由な議論を通じて学会の通説が変わり、それが教科書の記述にも反映される、というのが妥当かつ自然な流れです」には同意できません。

S教授は日本近代史を専攻する研究者でありながら、官有物五代払い下げ説の当否に関する自己の見解を伏せたままで、「学会での自由な議論」に委ねようと述べています。つまり教授として禄を食んでいる大阪市立大学の「開学の祖」とされる人物の歴史上の事実関係について、歴史研究者としての自分の見解は表明しないままに、問題を他人事のように投げ出しているのです。そもそも「学会での自由な議論を通じて」とは何を言っているのでしょうか。住友史料館副館長の本格的な五代無実論が論文として発表されたのは平成二二年（二〇一〇）です。それから一〇年以上が経つのに、日本近代史学界は末岡論文が示した明々白々の証拠を無視して従来説を温存してきました。その怠慢を問題にしないで、「学会での自由な議論を通じて」と主張するのは欺瞞です。しかも、「学会」は学説の当否の審査機関ではありません。S教授の主張は、教科書等の間違った五代記述を訂正してほしいという正当な要求に対して、「学会」を架空の権威として振りかざすことによってそれを押しとどめようとする、権威主義的かつ没主体的な意見であると言わざるをえません。

続いて二月二四日に別の大学教員から署名活動の撤回を求める意見書が届きました。この教員は前年の九月一七日に学長室で学長が「五代への官有物払い下げ説見直しを求める会」の代表に就任するのは不都合であるという意見を述べたY教授です。

今回、同窓会が中心となって行おうとしている文科省への請願（教科書会社への記述変更指導）は、大学構成員かつ同窓生であり、歴史学研究に携わる者としては、強い憤りを覚えざるを得ない。

歴史は、たとえ「イエス」を示す文献史料が発見されたとしても、それが「イエス」なのか「ノー」なのか、果たしてどちらでもないのか、については多角的かつ慎重な検証と研究蓄積とが不可欠である。史料も人間が作成するものである限り、真実を記すとは限らない（たとえその時々の公文書であったとしても）。

五代が関与していないという説が出されたのであれば、それを広く研究者間で共有のうえ吟味し、闊達な議論の俎上に乗せ、時間をかけて検証すべきである。学問の進歩はそういう地味かつ地道な活動に依拠するものである（とりわけ歴史学はそうであろう）。

そのプロセスを経ないままに、拙速に変更を求める（しかも文科省への請願という形で）ことは、最高学府の同窓会が取るべき対応ではないと言わざるを得ない。大学が最も尊重すべき「学問の自由」「表現の自由」さえ脅かしかねない。
強い抗議の意とともに、今回の措置の即時の撤回を求めたい。

どんな活動もそれが何らかの社会的な要求を伴うものであるかぎり、別の意見が在し得ます。先のS教授と合わせて、この二人の意見は文部科学省による教科書検定の制度に反対するという立場から発せられています。それはありうる見解です。

しかしY教授の意見に示される、「歴史は、たとえ『イエス』を示す文献史料が発見されたとしても、それが『イエス』なのか『ノー』なのか、果たしてどちらでもないのか、についてては多角的かつ慎重な検証と研究蓄積とが不可欠である。史料も人間が作成するものである限り、真実を記すとは限らない（たとえその時々の公文書であったとしても）」という見解には同意できません。

この見解には、五代の名誉回復活動そのものに反対するために立てられている趣があります。言い換えれば、文部科学省への署名活動が是か非かとは別の問題に議論を持ち込んで、五代無実論を退けようとしているかのようです。なぜなら、開拓使幹部への払い下げを決定した政府の公文書について「多角的かつ慎重な検証と研究蓄積とが不可欠」と主張するのであれば、一新聞の記事だけを根拠にした「政商五代への払い下げ説」も同様に「多角的かつ慎重な検証と研究蓄積とが不可欠」であると主張しなければならないからです。ところが、意見書の見解は、「政商五代への払い下げ説」の方は不可侵であるかのごとき安全地帯に祀りあげて、その説への異論の方にだけ極端なハードルを設けています。これでは異論を「学問」の名のもとに封じているのと同じです。このような独善的な議論を展開するY教授が、自己の主張を正当化するために、「学問の進歩」や「学問の自由」や「表現の自由」などの品格ある言葉を援用するのは、言葉への冒瀆というものではないでしょうか。

三、出版社への第二次要望書

本書第一部第一六章二で述べ、また第二部第四章三でも述べたことですが、払い下げへの五代関与説は二段構えになっています。ひとつは教科書系の「五代への払い下げ説」です。もうひとつは、払い下げを受けたのは開拓使幹部の設立した北海社であるが、五代は自分の関西貿易社との合併を狙っていたとする吉川弘文館『国史大辞典』や小学館『日本歴史大事典』など辞典・事典系の「五代黒幕説」です。両方が歴史学界で併存すること自体が奇怪ですが、それが現実の姿でした。

「五代シンポジウム」で末岡照啓住友史料館研究顧問が発表した五代無実の新史料は、「五代黒幕説」が成り立たないこと示しました。そこで拡大五代委員会が開かれ、その史料である『保古飛呂比』の該当ページを同封して、各出版社へ第二次の要望書を送ることが決まりました。本来は「五代黒幕説」をとる辞典・事典系の版元へも要望書を送るべきであったかも知れませんが、政府あるいは黒田開拓長官は五代への官有物払下げを行おうとした、とする記述の見直しを求めることが会の主目的でしたので、「五代黒幕説」の訂正は別途の課題とせざるをえませんでした。

第二次要望書は三月一〇日付で送られました。ここでは岩波書店へ送った要望書を載せます。他の出版社への要望書も同趣旨です。要望書中の一部、宛先個人名・拝啓等の形式語・「見直しを求める会」事務局情報等の文言は省略します。さらに、要望書前段に記した岩波書店『日本史年表』第五版（歴史学研究会編、平成二九年発行）の五代記述についての言及についても削除します。

岩波書店社長　様

令和四年三月一〇日
五代友厚官有物払い下げ説見直しを求める会
代表　児玉隆夫（大阪市立大学元学長）

本年1月22日には大阪市立大学同窓会と大阪市立大学の共催による「五代友厚シンポジウム――開拓使官有物払い下げ説を問う」が開催され、そこにおいてパネリストの住友史料館末岡照啓研究顧問は五代友厚の無実の証拠となる新発見の事実を報告しました。発見された新事実とは佐佐木高行の日記『保古飛呂比』（東京大學出版會）の明治14年9月29日条に、「丸山作楽が黒田清隆や山田顕義等から親しく聞いた」事柄を佐佐木が日記に記録するかたちで、「五代友厚に黒田より相計り、関西貿易社にて、充分力を添へて、此の事業を盛大にせん事を望みたるに、五代も算当相立てたるも、到底今日にては利益もなく、目的不相立とて、相断りたる由」と書かれていることです。五代は黒田開拓長官から官有物払い下げを打診されて、採算上の理由で引き受けを断っているのです。

貴社の『日本史年表』や諸高校日本史教科書が「五代友厚の関西貿易社への官有物

払い下げ」説をとっているのに対して、吉川弘文館『国史大辞典』や小学館『日本歴史大事典』は「払下げを申請したのは開拓使の書記官たち」であることを認めた上で、しかし「その背後には北海道物産の取扱いを目的として結成された関西貿易会社があると推定された」として、五代友厚「黒幕説」をとっています。この黒幕説が根拠とするのは、大阪商工会議所所蔵の文書「開拓使官有物払下に際し継続会社設立一件」で、そこには開拓使幹部が設立する民間会社と五代友厚の関西貿易社の将来における合併が示唆されています。

しかし、『保古飛呂比』が記録するように、五代は黒田の提案を断っているのですから、『国史大辞典』や『日本歴史大事典』が記述する「五代黒幕説」も成り立ちません。北海社と関西貿易社の将来合併を示唆する文書は、五代に官有物払い下げ引き受けを断られて、北海社の先行きに不安を覚えた開拓使幹部が「保険」をかけるようなつもりで、主観的な願望として両社合併案をメモ風の文書に仕立てたと見ることができます。この「保険説」は開拓使官有物払い下げ事件における五代が無実であるとする論者たちの間では以前から唱えられてきたものですが、今回の『保古飛呂比』における五代の「官有物払い下げ引き受け拒絶」の記録をもって、それが確定的なものとなりました。

従来の「五代政商説」は二段構えになっています。一段目は「明治政府は官有物を破格の安値で五代に払い下げようとした」とするものです。二段目は「明治政府が官有物を払下げようとしたのは開拓使上級幹部が退職して設立する北海社に対してであったが、その背後には政商五代がいて、（合併によって）官有物全体を手中に収めようとしていると推定された」とするものです。このうち、前者の説は国立公文書館所蔵の政府払い下げ関係諸文書によってその論拠が根底から覆ります。そして前者・後者の両説は『保古飛呂比』が記録する五代の「払い下げ引き受け拒絶」によってその論拠が根底から覆ります。

これだけの証拠が揃っている開拓使官有物払い下げ事件について、従来通りの「五代政商説」が維持されるのは、社会科学のあり方として、真理を探究する学問の立場として、春秋に富む若者たちへの教育の問題として、あってはならないことであると考えるものであります。

新たにお送りする資料をもご参照いただき、貴社記述についてご検討いただきますよう、重ねて要望いたします。

《添付資料》

東京大學出版會刊『保古飛呂比』（一九七八年）明治十四年九月廿九日条

しかし、この要望書には特段の反応もなく、月日が過ぎて行きました。そして令和四年（二〇二二）三月三一日に大阪市立大学の大学名看板が校門から外され、四月一日に大阪府立大学と統合された大阪公立大学がスタートしました。在校生がいる関係で大阪市立大学は在校生が卒業するまでの令和七年（二〇二五）三月までは残存するものの、かたちの上では大阪市立大学は終了しました。

『新・五代友厚伝』の刊行を「ラストイチダイ」の期間に間に合わせることができたことによって、それを五代友厚名誉回復の活動につなぐことができました。それはまことに幸運なことでした。けれどもその段階では、活動の行く末は五里霧中でした。

第五章　『日本史探究』教科書見本刷の記述変更

一、教科書見本刷展示会

平成三〇年度（二〇一八年度）告示の学習指導要領によって地理・歴史の教科書編成が変わることになりました。そこでは、共通必履修科目として「歴史総合」（近代以降の世界史と日本史を総合したもの）と「地理総合」が設置され、選択履修科目として「日本史探究」「世界史探究」「地理探究」を設置することが定められています。そして令和五年度（二〇二三年度）からは「日本史探究」教科書が使用されることとなり、令和四年の六月から七月にかけて、各都道府県で開催された教科書展示会で「日本史探究」の見本刷が展示されました。

令和四年（二〇二二）六月中旬に大阪会場の展示会を見に行った上村修三同窓会事務局長から、「清水書院の『日本史探究』が五代記述を変えている」という連絡が私に入りました。私は六月二四日に堺市会場の展示会に出向き、すべての『日本史探究』教科書の記述をチェックしました。その結果は事務局長の報告通りで、清水書院だけが記述を変えていました。

従来の清水書院『高等学校日本史B』（平成二九年三月文部科学省検定済、令和二年二月第三刷発行）の開拓使事件についての注記、開拓使の廃止を前に、長官の黒田清隆《くろだきよたか》が同じ薩摩出身の政商五代友厚《ごだいともあつ》に、約二〇〇〇万円を投じた事業を三八万円余という不当に安い価格で払い下げようとして問題となった。

は、同じ個所が『日本史探究』見本刷では、

一八八二年に開拓使は廃止されることが予定されており、黒田は開拓使が約二〇〇〇万円投じた事業を守るため、三七万円余という不当に安い価格で、同じ薩摩出身の政商五代友厚《ごだいともあつ》の経営する「関西貿易社」に払い下げようとしていると新聞が報じて問題化した。

と変更されていました。『高等学校日本史B』の一六八ページと『日本史探究』の一七二ページとは、この注記以外は本文も他の注記もイラストもまったく同一でしたので、開拓使事件の注記だけが書き替えられたことは明白でした。内容的な変更は、「政商五代に払い下げようとして問題となった」が「政商五代に払い下げようとしていると新聞が報じて

問題化した」となっただけですが、この変更は決定的でした。前者は間違いです。しかし、東京横浜毎日新聞は明治一四年七月二六日号で五代らに払い下げられようとしていると報じたのですから、後者は事実です。その新しい記述に不十分な点があるとすれば、「なお、その新聞報道は誤報であった」と書いていないことだけです。

私たち関係者は、遂に一社、記述を書き替えた教科書会社が出現したことを喜びました。折しもその時期は一月二二日に開催された「五代シンポジウム」の報告集を編纂する最終段階でした。私は執筆中の「編集後記」に急遽《追記》を加えました。そして、記述変更の内容を紹介したうしろに、次のように記して追記を結びました。

事実に反する記述から事実に基づく記述に変更された意義は限りなく大きい。これは「五代払い下げ説見直しを求める会」が行ってきたこの間の活動の成果である。

二、『五代友厚と北海道開拓使事件』刊行

令和四年（二〇二二）七月二〇日にミネルヴァ書房から末岡照啓著『五代友厚と北海道開拓使事件――明治十四年の大隈追放と五代攻撃の謎に迫る』が刊行されました。

事件の俯瞰の確かさ、多角的な視点からの掘り下げ、推移についての詳細な史料的裏付け、どれをとっても開拓使官有物払い下げ事件を論じた研究の決定版と呼ぶにふさわしい内容でした。著者の長年の研究がこのような稔りとして世に問われたことは、五代の名誉回復を推進する活動にとっての強力な援護となっただけではありません。同書は歴史学界の中に生じ始めている五代関与否定説の正当性を証し、かつ議論に終止符を打つ決定打となったと評して過言ではありません。筆者は同書の「あとがき」で、「(東京横浜毎日新聞の誤報によって、関西貿易社が官有物払下げの受け皿会社とされてしまった)問題は本書によって完全に払拭されたものと考える」と書いています。

事件をあらためて整理するために、同書が「終章」で述べている「事件の真相」から重要な個所を引用しておきます。番号は同書の番号です。

①　(東京横浜毎日新聞の社説はそう書いているが)同社は、政府から五〇〇万円を引き出そうとした事実もなく、ましてや官有物払下げを目的に設立された商社ではない。

②　官有物払下げの受け皿と考えられたのは関西貿易社ではなく、開拓使官吏たちが設立した北海社であった。佐佐木高行『保古飛呂比』によると、当初、黒田と大隈は五

代に関西貿易社が受け皿になるよう勧誘したが、五代は採算面からこれを拒否した。黒田はやむなく開拓使官吏に受け皿会社を設立させ、聴許を得たのである。五代友厚文書のなかに、北海社と関西貿易社の合併メモが存在するのはこのためであり、開拓使官吏の作成によるものである。

③ 官有物払下げの聴許は、じゅうらい七月三十日説であったが、「公文録」「太政類典」や、三条実美・伊藤博文・安田定則の書状から、巡幸出発直前の七月二十九日である。

⑤ 大隈が官有物払下げに反対だったという通説は、すでに小路田論文によって大隈と五代が直貿易論で同志だったことから事実と異なる。大隈は官有物の払下げには賛成であったが、払下げにともなう政府貸下げ金（補助金）には反対であった。このことが大隈反対説の誤解の原因となった。

⑨ ほんらい官有物払下げ事件は、明治十四年の政変の全体からみれば枝葉末節の議論に過ぎなかったが、同年八月中旬に黒田から大隈陰謀説が流布されたころから政局に発展し、民権派には国会開設要求の突破口として、伊藤ら薩長藩閥政府には大隈追放の方便として利用された。

⑫ 五代は政府が払下げ事件の真実を語らず「黙視」することについて、何か深謀遠慮

があるものと考えていた。政府要路からも五代に対して「必ラス意トスルコト勿レ、之ヲ放抛シテ顧ミサレトノ内諭ヲ得タ」ので、これを信じて沈黙を守った。払下げ中止後には、名誉回復を求めて戦おうとしたが、関西貿易社社中の非戦論を受け入れて再び沈黙した。

⑬　政変に巻き込まれ被害者となった大隈と五代は、非を唱えても然るべきであった。また、黒田や配下の安田らも五代や関西貿易社の無実を証言すべきであったが、いずれも過激な民権派から政権の分裂を守るという一点において沈黙を守らざるを得なかった。

⑭　大阪商法会議所における五代友厚の人望は、広津弘信の言にあるように事件後もまったく揺らぐことがなく、むしろ尊敬を集めていた。大阪の経済人は、この事件が政争の具に利用されたことに感づいていた。

事件発生後一四一年を経て、遂に五代友厚の無実が余すところなく論証された、との感慨を禁じ得ません。このようにして、清水書院『日本史探究』における五代記述訂正に続いて、『五代友厚と北海道開拓使事件』という五代無実の決定版が世に出たことをもって、各出版社に対して第三次の要望書を送る条件が整いました。

三、第三次要望書

八月一日付で「見直しを求める会」は三回目の要望書を送りました。今回は各出版社の社長宛に加えて、執筆陣の責任者にも要望書を送りました。教科書については巻末に載る「著作者」の筆頭著作者、『日本史年表』については編者である歴史学研究会の事務局長としました。ここでは、山川出版社『詳説日本史探究』筆頭著作者への要望書を載せます。挨拶辞は省略します。

山川出版社『詳説日本史探究』筆頭著作者　老川慶喜　先生

五代友厚官有物払い下げ説見直しを求める会

代表　児玉隆夫（大阪市立大学元学長）

私は昨年一二月二七日付で山川出版社社長に書状を差しあげ、また本年三月一〇日付でも書状を差しあげ、山川出版社高等学校教科書『新日本史（B）新訂版』（平成二九年三月七日検定済）の開拓使官有物払い下げ事件についての五代友厚に関する記述が事実に相違していることを申し上げました。山川出版社は私たちの指摘に対して「検討する」という回答を寄せられました。

ところが来年度の貴社『詳説日本史探究』（令和四年三月二九日文部科学省検定済）は同事件について、

一八八一（明治一四）年、旧薩摩藩出身の開拓長官黒田清隆《くろだきよたか》が、同藩出身の政商五代友厚《ごだいともあつ》らが関係する関西貿易社などに北海道の開拓使所属の官有物を不当に安い価格で払下げようとして問題化した。明治一四年の政変で、払い下げは中止された。

と記しておられます。従来の山川出版社『新日本史（B）改訂版』の記述とは語句の相違があるものの、官有物払い下げ先を「政商五代友厚らが関係する関西貿易社など」と記述することによって「政商五代友厚らに払い下げようとした」とする基本のところに変更はありません。（なお、「関西貿易社など」とする「など」の複数形については意味不明です。）

そこで、執筆・監修を担当された筆頭の先生にも私たちの要望を聞いて頂きたいと考え、書状を差しあげることといたしました。私どもは先に五代が開拓使官有物払い下げに関与していないことを示す史料、および、政府が決定した払い下げ先は安田定則開拓使幹部ら四人が退職して設立する予定の民間会社あることを示す史料とを山川出版社にお送りしていますが、ここに改めて同封いたします。お目通しをいただき、真理探究という学問の大前提の立場からの五代記述の見直しをお願いするものであります。

貴職を含めた執筆グループの先生方が上記のように記述しておられる一方、清水書院『日本史探究』（令和四年三月二九日文部科学省検定済）は同事件について、次のように記述しています。

開拓使の次官に一八七〇年に就任して以来、黒田清隆《くろだきよたか》（一八四〇〜一九〇〇）が事実上、北海道開拓の責任者であった。一八八二年に開拓使は廃止されることが予定されており、黒田は開拓使が約二〇〇〇万円投じた事業を守るため、三七万円余という不当に安い価格で、同じ薩摩出身の政商五代友厚《ごだいともあつ》の経営する「関西貿易社」に払い下げようとしていると新聞が報じて問題化した。結局、明治十四年政変で開拓使官有物の払い下げは中止されるとともに、開拓使も予定通り廃止された。

これは同社『高等学校日本史B　新訂版』（平成二九年三月七日文部科学省検定済）の次の記述を大幅に書き替えたものです。

開拓使の廃止を前に、長官の黒田清隆《くろだきよたか》が同じ薩摩出身の政商五代友厚《ごだいともあつ》に、約二〇〇〇万円を投じた事業を三八万円余という不当に安い価格で払い下げようとして問題となった。

旧記述で「長官黒田が政商五代友厚に・・・不当に安い価格で払い下げようとして問題になった」であったものが、『日本史探求』で「黒田は不当に安い価格で、政商五代友厚の経営する『関西貿易社』に払い下げようとしていると新聞が報じて問題化した」と変更されたことには、質的な違いがあります。黒田長官は五代に払い下げようとしていないのですから、前者は事実誤認であり、黒田長官が五代に払い下げようとしていると東京横浜毎日新聞は書いたのですから、後者は事実です。つまり、事実に相違することを書き続けてきた高校日本史教科書において、初めて開拓使事件を事実に即して記述する教科書が出現しました。

来年度から高校『日本史探求』は、全国の高校生に対して、事実に相違する開拓使事件を教えるものと、事実に即した開拓使事件を教えるものに分かれます。これは異様な事態と言わなければなりません。そのような事態を短期間に終了させるために、山川出版社『詳説日本史探究』が歴史教科書の開拓使事件記述を可能な限り早急に書き直されることを要望します。

つきましては、本件についてどのように具体的に対応されるのか、書面にて二〇二二年九月末までにご回答いただきますようお願い申しあげます。

《添付資料》

国立公文書館所蔵「開拓使官有物払下許可及び取り消しの件」

東京大學出版會刊『保古飛呂比』（一九七八年）明治14年9月29日条

第六章　相次ぐ記述訂正回答と記者発表

一、教科書会社からの回答

九月に入って、第三次要望書への回答が相次いで届きました。まず、九月七日に日本史教科書の最大手の山川出版社から返事がありました。要所を要約します。

（貴会からの令和三年一二月二七日付のご指摘を受けて）令和四年一月一二日に著者と相談のうえ、訂正が必要な場合、文科省の検定制度に沿って手続きをする旨返信したが、その後、『詳説　日本史　改訂版』と『新日本史　改訂版』で、来年度の供給に向けての訂正申請を行い、承認された（「払い下げようとしていると報じられ、問題化した」「払い下げようとしたと、『東京横浜毎日新聞』に報じられた」に訂正）。

また、日本史探究の教科書『詳説日本史』については、令和4年3月に検定に合格して見本本となったので、その後、来年度の供給に向けての訂正申請を行い、承認された。（「払い下げようとしていると報じられ、問題化した」に訂正）。

貴会より、令和四年八月一日付の書状を受け取った段階では、訂正申請の手続き中であったが、手続きを終えたので回答する。

続いて九月二七日付で第一学習社から回答が届きました。要所を要約します。

『日本史探究』一八五頁で、いわゆる開拓使官有物払下げ事件について、「薩摩出身で開拓長官の黒田清隆が、北海道の鉱山や工場などの官有資産を、同じ薩摩出身の政商五代友厚に安価で売却しようとした。」と説明していたが、五代友厚はこの事件に関与していないので当記述は適切ではない、とのご指摘を受け、同封の諸資料をもとに、教科書著者の先生方とも検討を行った。上記説明については、今回の指摘をふまえて、開拓使官有物払下げ事件は、黒田清隆が、開拓使官吏が退職して設立しようとした民間会社に払い下げを行おうとしたことを説明し、五代友厚は一切関与していないことが明確になるよう改めたい。

この二通を受け取ったときの感動は筆舌に尽くしがたいものでした。関係者の中には、「回答を読んで涙が出た」と感想を漏らす人さえいました。歴史教科書の記述訂正の困難さが分かっている者にとって、感慨ひとしおであったことは想像に難くありません。実に明治一四年（一八八一）七月二六日の東京横浜毎日新聞の誤報以来、一四一年にわたって続いてきた五代友厚の汚名、それがすすがれる日の近いことを回答は告げていました。

次に届いたのは東京書籍の九月二八日付回答です。要所を要約します。

教科書に記載される歴史事象は、史実として広く認識されている内容、すなわち現状の研究動向において通説とされている内容が記述される。そして、新しい学説や見解が打ち出された場合には、その内容が学会等でどのような評価を受けているかなどを慎重に見定め、教科書の編集委員会で更新の可否について検討を行う。この点については、この度指摘された弊社の高等学校用日本史教科書においても同様なので、今後とも学会等の動向については注視を続け、内容的検討を継続したい。

この論旨は一般論としては成り立ちます。しかし、開拓使官有物払下げ事件で問われているのは、払い下げがどのような意図で行われたというような評価の問題ではなく、政府は五代への払い下げを決定したか、しなかったかという事実関係の問題です。言い換えれば、太陽が地球の周りを回っているのか、地球が太陽の周りを回っているのかと同じレベルの事実関係の問題です。そういう事実関係のエビデンスが歴然としており、しかもエビデンスに裏づけられた五代無実論が発表されて一〇年以上が経過し、近年には相次いで学界内外から五代無実論が唱えられているときに、なお述べられる一般論には疑問符を付さざるをえません。

東京書籍からの回答が一般論にとどまったとはいえ、また実教出版からの回答が未着であるとはいえ、日本史教科書の圧倒的なシェアをもつ山川出版社が、清水書院や第一学習社と並んで、記述訂正に踏み切ったことで日本史教科書の大勢が決した観がありました。

そして、時期が大きく遅れたのですが、年末の一二月一三日に実教出版からも回答が届きました。そこには「文章を全体的に見直す」ことが表明されていました。要所を抜き出します。

先日は、弊社の教科書『日本史探究』『詳述歴史総合』『歴史総合』における開拓使官有物払い下げ事件の五代友厚に関する記述について指摘を受けていたが、検討に時間を要して、回答が遅れた。

同封された添付資料をふまえて各書目の執筆者と検討を重ねた結果、五代友厚が官有物払い下げに直接関与していたという断定的、かつ誤解をまねくような記述にならないよう、文章を全体的に見直すこととした。文科省に訂正申請し、来年度からの供給本に反映する。

このようにして、要望書を送ってから一年以内に、高校日本史教科書の五代記述訂正の見通しが立つこととなりました。「見直しを求める会」は各教科書会社及び著者各位の真摯な対処に感謝して、礼状を送りました。

二、岩波書店の回答

岩波書店の『日本史年表』第五版を担当した編集部課長から、回答締切日の九月三〇日にメールで返事が来ました。要所を要約します。

本年二月一日に、指摘された箇所について検討する旨の返事をしたが、その後、年表の編者である歴史学研究会とこの件について相談を重ねた。

歴史学研究会が、同封された資料を含め調査した結果、五代ならびに関西貿易商会（関西貿易社）は、勅裁に関わる史料には登場しないことを確認した。ついては年表中の関連記述は、次回増刷時に修正する。

申し分のない回答でした。年表の編者である歴史学研究会の判断として、従来の記述に問題があったことを「確認」して、「次回増刷時に修正」するというのですから、これ以上の回答を望みようがありません。しかも、年表編纂に責任を負う歴史学研究会として「修正」の判断がなされたのですから、同学会の判断が変わったことを意味します。日本を代表する歴史学会のひとつである歴史学研究会の判断が変わることは、日本の歴史学界の定説が変わる可能性があることを意味しています。

ここに五代への払い下げ説は大きく転換する見通しが立つこととなりました。一民間グループによる記述訂正の要望に、各出版社の真摯な対処があったことは、ただただ有難いというほかありませんでした。

以上のような回答が届いた直後の一〇月五日、公立大学法人大阪（大阪市立大学）の西澤良記理事長から私宛てにメールが届きました。全文を掲げます。

八木孝昌先生

この度の五代の汚名を返上すべく、先生にご努力いただいてきたこと、また、この度の教科書作成会社の理解を得られつつある機運ができたことは大変にありがたく、うれしく思っておりますとともに、感謝を申し上げます。

今後の対応についても先生のお考えが妥当であると感じております。

今までのご苦労を感謝いたしますとともに、今後とも宜しくご高配をお願いいたします。

西澤良記

理事長

公立大学法人大阪

私は「見直しを求める会」と教科書会社とのやりとりを西澤理事長に報告したことは一度もなかったので、このメールを受け取って大層驚きました。同時に、活動の経緯が誰かから理事長に届き、理事長からその活動の評価をいただけたことを有難く、また心強く思ったことでした。

三、東京同窓会の開催等

一〇月一五日にホテルグランドアーク半蔵門で開催された同窓会東京支部総会に私は出席しました。文部科学省への署名活動協力への謝辞を述べ、また五代友厚名誉回復活動の報告を行うために同窓会本部から派遣されたのでした。

私は東京出張の機会に、山川出版社と清水書院の日本史教科書担当者を訪ねようと計画していました。記述訂正への謝辞を述べるとともに、意見交換をするのが目的でした。そこで東京支部総会の前日の一四日にまず清水書院に電話しました。担当の女性が電話に出たので、用向きを伝えました。するとその女性は次のように答えました。

確かに貴会からの要望書は受け取っているが、『日本史探究』の開拓使官有物払い下げについての記述を書き替えたのは、要望書の指摘を受けたからではない。わが社は要望書を受け取る以前に、すでに書き替えを決定していた。だから礼を言いに来ると言われても、当方にそれをお受けする理由がない。

私たち「見直しを求める会」関係者は、清水書院の書き替えが要望書を受け止めた結果であると信じていました。ですから私はその返答には心底驚きました。それが本当であれば、私たちは清水書院の記述変更の理由を勘違いしていたことになります。

後日、清水書院担当者の応答が関係者の間で話題になったとき、「『見直しを求める会』からの要望に押されて記述修正したとは認めにくいので、自主修正という公式見解を用意したのではないか」という観測もありましたが、要望書を送った令和三年末の段階では翌年三月の文部科学省の検定のための草稿ができあがっていた可能性があります。担当者は事実をありのままに述べたと見ておきます。

そうすると、清水書院教科書の著者はこの間の開拓使事件研究の進展やＮＨＫ番組での五代無実論の登場などを踏まえて旧記述を正したことになります。もし仮に私たちが清水書院の自主的な記述変更を事前に知っていたとしても、各社に送った第三次要望書の文言が基本的に同一であったであろうことは間違いありません。

もう一社の山川出版社への電話では、男性の編集担当者が出ました。用件を伝えると、「コロナ禍でもあり、わざわざ来訪いただくには及ばない」が返答でした。

この日の夕方、五代友厚本家筋の五代目の五代正哉氏に御茶ノ水の喫茶店で会いました。正哉氏は五代の銅像が大阪市立大学のキャンパスに建立されたときの除幕式に招かれていましたが、その後は連絡が取れていませんでした。私は五代名誉回復活動の経過と各出版社の対応を報告し、遠からず五代友厚の名誉が回復される見込みであると伝えました。

翌日は同窓会東京支部同窓会に出席しました。西澤良記大阪公立大学理事長や辰巳砂昌弘大阪公立大学学長も臨席して冒頭の挨拶を行い、新しい出発を迎えた大学の現状報告が行われるとともに、将来構想の説明がありました。私は懇親会の席上で署名活動への協力について感謝の意を伝え、また同窓会関係者の悲願とも言うべき五代名誉回復活動に進展があったことを報告しました。

四、文部科学省での記者発表

令和五年（二〇二三）四月から五代記述を書き替えた新しい日本史教科書が使用される事態を前にして、「見直しを求める会」は三月二三日に文部科学省で記者会見を行いました。

大阪のグループが東京で記者会見するという異例の計画を立てたのは、もし大阪で記者会見をすれば地方版の記事になることを恐れたからです。その実現のために、かつて文部科学省からの出向で大阪市立大学理事をつとめ、その後鹿児島大学に異動した田頭吉一理事兼副学長に大阪市立大学同窓会側から依頼して、準備を整えてもらいました。

当日、大阪市立大学同窓会から、「見直しを求める会」代表児玉隆夫と同会員の八木孝昌と松尾繁廣（大阪公立大学理事長補佐）の三人が文部科学省に派遣されました。この記者会見には、映画「天外者」制作のドキュメンタリーを制作して以降、系統的に五代友厚問題を追っている関西テレビの宮田輝美ディレクターのクルーが取材のために同行しました。

記者会見は夕刻五時からの予定で、児玉・松尾・私の三人は霞が関にある文部科学省庁舎一〇階の記者会見室で待機しましたが、幹事役の朝日新聞の宮代栄一編集委員に文化部・社会部の記者各一名を加えた三人と関西テレビのクルー以外には、誰も部屋に来ませんでした。そして定刻となり、開会が朝日新聞記者により告げられました。

幹事役の朝日新聞以外にはどの新聞社も現れないという事態の中で、児玉代表は予め文書として用意した「文部科学記者会での発表内容」に即して、発表を行いました。その発表にはＡ４で三〇枚に及ぶ大部の資料が用意されていました。その資料を目次だけ列挙すると、次のようです。

資料1
○事件の発端となった「東京横浜毎日新聞」明治14年7月26日社説要旨
○「五代への払い下げ説」を定説化した大久保利謙論文「明治十四年の政変」要旨
資料2
○昨年の教科書展示会に出品された新年度用日本史教科書の「五代記述」一覧
○岩波書店『日本史年表』五代記述
資料3
○山川出版社の教科書記述訂正広報（2件）
○第一学習社の教科書記述訂正広報（1件）
○実教出版の教科書記述訂正広報（2件）
（清水書院の教科書記述変更は上記「資料2」の中に表示）
資料4
○平成29年度大学入試センター試験　日本史問題の「五代」関連試験問題
資料5
○「会」発、教科書会社・岩波書店宛第一次要望書（令和3年12月27日）

○「会」発、教科書会社・岩波書店宛第二次要望書（令和4年3月10日）
○「会」発、教科書会社・岩波書店宛第三次要望書（令和4年8月1日）

資料6
○五代無実を証する国立公文書館史料「開拓使官有物払下許可及び取り消しの件」
① 黒田清隆開拓長官発、三條実美太政大臣宛「工場其他払下処分の儀に付伺」
② 安田開拓使大書記官以下4名作成 内願書及び開拓使官有物払下物件一覧

資料7
○五代無実を証する佐佐木高行日記『保古飛呂比』（東京大学出版会刊）明治一四年九月二九日条

以上のうち、資料4の「平成二九年度大学入試センター試験 日本史問題の『五代』関連試験問題」には説明が要ります。これが記者会見資料に含まれた理由は、入試問題として成り立たない間違い問題が設問されたからです。その問題は高校側・大学側・予備校側のどこからも間違いであることが指摘されなかったので、回答不能問題が無傷で通り過ぎてしまいました。それは「日本史B」第5問の問4、あるいは「日本A」の第1問の問4

で、次のような問題です。

問4　明治期の政商や実業家に関して述べた文として誤っているものを、次の①～④のうちから一つ選べ。

① 新政府から特権を得た住友は、三池炭鉱の払い下げをうけた。
② 五代友厚は、開拓使の官有物の払い下げをうけようとした。
③ 岩崎弥太郎は、海運業に参入し、三菱財閥の基礎を築いた。
④ 古河市兵衛は、足尾銅山を取得して、鉱山業を営んだ。

公式には、「誤っているもの」は①です。しかし、本書で詳しく述べてきたように、②の「五代友厚は、開拓使の官有物の払い下げをうけようとした」も「誤って」います。すなわち、この問題には正解が二つありますので、「誤っているものを、次の①～④のうちから一つ選べ」という設問自体が成り立ちません。こういう不適切問題が出題されるのは、五代友厚についての謬説が歴史学界の定説として定着し、どの教科書にも載っているからに外なりません。そういう事例として、私たちは当大学入試センター試験問題を資料に加えました。

会見が終わったあと、児玉代表と私は廊下で関西テレビの取材を受けました。二人は五代名誉回復活動のもつ意味やそれに取り組んできた動機について語りました。

関西テレビがこの問題を四月にニュースとして放送する予定であることは宮田輝美ディレクターからの情報で分かっていましたが、朝日新聞がいつ記事にするのかは、宮田ディレクターが宮代編集委員に当日尋ねたところ、「決まっていない」との返事であったと当人から聞きました。名刺交換をしたときの宮代編集委員の名刺には、名前の上に「博士(史学)」の肩書が印刷されていましたので、歴史に詳しい人物が記者会見に臨んだ以上は、記事になる可能性は高いだろう、と願望を込めて推測しました。しかし、四月に入って初旬が終わっても、記事は出てきませんでした。

他方、関西テレビの取材は、当初四月七日夕刻の「ｎｅｗｓランナー」という番組の中で放送される予定でしたが、都合で一一日に延期されました。

第七章　マスメディア報道と第四次要望書

一、関西テレビの放送・朝日新聞・読売新聞・産経新聞・日本経済新聞の記事

四月一一日の夕刻、関西テレビのニュースに「『疑惑の人』五代友厚　名誉回復が実現」というテロップが出て、児玉代表と私が文部科学省の庁舎に入るところから映像は始まりました。記者会見の場で児玉代表が「四月から使用される日本史教科書の九〇パーセントは記述が変更されたものになります。この本がこの運動の出発点です」と述べて、『新・五代友厚伝』を示します。このあとニュースは、日本史教科書に五代が間違って記述されるようなった経緯と、教科書会社が「見直しを求める会」の要望を受けて記述修正に至る経緯を画像とナレイションで示します。最後の場面では、文科省の廊下で行われたインタビューに児玉代表が「ずっと続く汚名をやっとすすぐことができました」という感慨を述べ、また八木が活動に打ち込んだ理由を聞かれて、「使命感と執念です」と答えています。

その翌日、朝日新聞朝刊の全国版で記事が出ました。見出しは、

五代友厚　濡れ衣だった「汚点」

官有物払い下げ「無関係」　教科書修正

五代友厚　濡れ衣だった「汚点」

官有物払い下げ「無関係」教科書修正

五代友厚

幕末に薩摩藩の会計係として活躍。明治維新後は実業家として新政府の造幣寮（現・造幣局）を大阪に誘致したり、大阪株式取引所（現・大阪取引所）を設置したりした。NHK連続テレビ小説「あさが来た」で俳優のディーン・フジオカが演じ、注目された。

近代大阪経済の祖と呼ばれる実業家、五代友厚（1836〜85）。実直で正義を重んじたとされるが、歴史教科書には長年、北海道開拓使の官有物払い下げ事件に関わったと記されてきた。しかし、最近の研究で無関係だった可能性が高まり、この春から教科書の記述が書き換えられた。関係者は「長年の思いがかなってうれしい」と話す。

1881年、北海道開拓使の長官・黒田清隆が、同じ薩摩出身の五代の求めに応じ、約2千万円を投じた事業を37万円余という不当に安い価格で払い下げようとした——。歴史教科書などには長年そう記され、2017年度のセンター試験にも出題された。

しかし、住友史料館（京都市）の末岡照啓さんや、「新・五代友厚伝」を出版した八木孝昌さんらの研究で、五代の汚点とされるこの事件が濡れ衣だったことがわかってきた。政府が官有物の払い下げを決めた書類や、太政大臣だった三条実美あての「伺」に五代の名前は一切なく、政治家・佐々木高行の日記には黒田から聞いた話として、五代に払い下げを打診したが「採算が合わない」と断られた、と書かれていた。

誤解生んだ社説

五代が設立に関わった「大阪商業講習所」が源流となっている大阪市立大学（現・大阪公立大学）の関係者らで作る「五代友厚官有物払い下げ説見直しを求める会」などによると、誤解のもとは1881年7月26日付の東京横浜毎日新聞の社説。「五代らが関わる関西貿易商会が開拓使と結託し、北海道物産のすべてを入手しようとしているという情報を得た」と記すが、その事実はなかった。

「沈黙」の理由は

五代は沈黙していたが、当時の本人の手紙によれば、政府の重要な地位の人物から「決して気にかけるな」などと諭され、きっと深い意味があるのだろうと、弁明を断念したらしい。その後、1952年に歴史学の大家だった大久保利謙がこの社説などをもとに、実際に五代が払い下げを求めたかのように論文を書き、学界に定着してしまったという。

求める会では、2021年と22年、教科書会社に見直しを求める要望書を送付。すると今年4月から使用が始まった歴史教科書で、清水書院が「黒田清隆が（略）不当に安い価格で、同じ薩摩出身の政商五代友厚の経営する『関西貿易社』に払い下げようとしていると新聞が報じて問題化した」と書き換えた。山川出版社、第一学習社、実教出版からも、記述の訂正に応じる旨の回答があったという。求める会代表の児玉隆夫さんは「ほっとした」と喜ぶ。

明治維新史に詳しい神田外語大学の町田明広教授は「五代が濡れ衣を着せられたのは、当時、彼がまったく反論をしなかったことが大きい。しかし、末岡さんの研究でその理由が推測でき、教科書の記述も書き換えられた」と評価。「実在しなかった坂本龍馬の『船中八策』についていまだに記載が残るなど、歴史教科書にはこれまで、最新の歴史学研究の成果がなかなか反映されてこなかった。今回のことで良い流れができたと思う」と話す。

（編集委員・宮代栄一）

朝日新聞 2023年4月12日朝刊全国版記事（提供：朝日新聞社）

でした。これ以上望めないほどの完璧な見出しをもつ（編集委員・宮代栄一）の署名入りの記事は、一〇〇行を超える本格的なものでした。「東京横浜毎日新聞」の書いた「五代らへの北海道物産のすべての払い下げ」という社説について、宮代記事は「その事実はなかった」と明快に断定し、その誤解が教科書等に載るに至った経緯と「見直しを求める会」の働きかけによって教科書会社が記述修正に応じた経緯を説明しています。そして最後に町田明広神田外語大学教授の「歴史教科書にはこれまで最新の歴史学研究の成果がなかなか反映されてこなかった。今回のことで良い流れができたと思う」というコメントを載せています。

その一週間後の四月一九日の読売新聞夕刊に、「教科書修正」の記事が出ました。これは文部科学省での記者会見とは別に、四月初旬に読売新聞大阪本社の南省至記者から要請のあった取材を私が受けたものでした。見出しは、

五代友厚　140年の汚名返上
官有物払い下げ　教科書修正
大阪市大同窓生らの働きかけ実る

でした。その記事では、記述修正に応じた教科書会社への取材内容が書かれていました。第一学習社以外は、「政商五代に払い下げようとして問題になった」を「政商五代に払い下げようとしていると新聞が報じて問題になった」と変更した清水書院方式を踏襲しただけでしたが、第一学習社は政府が「開拓使官吏が退職して設立しようとする民間会社」への払い下げを決定したと正確に記述を書き替えました。その対応について、記事は第一学習社のコメント、「ご指摘が適切と判断し、五代は関与していないことなどを明確にした」を載せています。また、記事は岩波書店から『日本史年表』の該当記述を編纂者の歴史学研究会と協議して「次回増刷時に訂正することにした」という回答が「見直しを求める会」にあったことにも言及しています。

朝日新聞と読売新聞という二大紙が教科書等における開拓使事件の五代記述を「濡れ衣」としたことによって、《カネの亡者政商五代》という俗説の原因をつくってきた「政商五代払い下げ説」の瓦解が決定的となりました。そして、「五代の濡れ衣」は社会的認知となりました。「政商五代払い下げ説」を書き続けてきた歴史研究者たち、五代黒幕説を書いてきた歴史研究者たち、そして五代無実論を無視し続けてきた近代日本史学界は、「利他」に生き、「青天白日、毫も天地に愧ぢず」と広瀬宰平への書状に記した先覚者五代の名誉が長年にわたって毀損されてきたことについて責任があるのではないでしょうか。

五月九日には、産経新聞の「オピニオン」欄に論説委員山上直子の署名記事で、

晴れて大河に「五代様」を

の見出しの記事が出ました。「大河」とは大河ドラマのことで、汚名がすすがれた以上は、晴れて大河ドラマの主人公になることができるという意味です。

さらに五月二五日の日本経済新聞夕刊には、（編集委員影井幹夫）の名前で、「五代友厚の歩み」の表と広瀬宰平に宛てた五代の書状の図版を備えた、一四五行に及ぶ署名記事が出ました。

五代友厚の濡れ衣はらせ

の見出しのもと、同記事は五代の生涯と業績の紹介に始まって、五代が開拓使事件で蒙った「汚名」のいきさつ、大阪市大同窓会が中心となった五代の濡れ衣晴らしのための活動

と教科書修正に至った経緯を丁寧に記述した、包括的なルポルタージュとなっています。影井編集委員は同活動の結末部分を次のようにまとめて、長い記事を締め括っています。

市大同窓生らはこれらの証拠（筆者注――官有物払い下げについての政府決定資料と佐佐木高行日記『保古飛呂比』中の黒田による払い下げ打診への五代拒絶記述）をもとに２０２１年、教科書会社に修正を求める要望書を送った。その結果、山川出版社など4社が23年度から記述を変更。第一学習社は払い下げ先を「開拓使官吏が退職して設立しようとした民間会社」と改め、他の会社も「（関西貿易社に払い下げようとしていると）新聞に報じられて問題になった」などの記述に変えた。

名誉回復に140年余りかかったのは、事件当時、五代が反論しなかったのも大きな要因だが、「実は住友初代総理事の広瀬宰平宛てに送った弁明の書簡がある」と末岡さん。広瀬は大阪商法会議所の副会頭、関西貿易社の副総監として五代を支えた人物だ。弁明書には▽関西貿易社への払い下げ記事は誤報▽新聞での反論も検討したが断念した――とある。政府の重要人物から「気にかけるな。放置してほしい」と諭されたとも記し、末岡さんは「黒田らの立場を考慮したのでは」とみる。書簡には「青天白日、毫モ天地ニ愧ヂズ」の文字が躍る。悪い行いはまったくなく、少しもやましいところはない、という意味だ。事件の4年後、49歳で死去した五代は、いずれ弁明の機会はあると信じていたのであろうか。

二、Dream五代塾セミナー「講演会」

四月二三日に大阪市立住まい情報センター・ホールでDream五代塾（理事長：川口建）のセミナーが開催されました。「Dream五代塾」は「五代の精神を未来へ継承していく」ことを目的として、大阪で設立された団体です。

このセミナーには二人の講師の講演が組まれていました。第一部は私八木の講演で、演題は「回復された五代の名誉」でした。第二部は映画「天外者《てんがらもん》」の監督田中光敏さんの講演でした。入場料が必要な講演会でしたが、会場は女性でいっぱいでした。私は女性たちの多くが「天外者」で五代友厚を演じ、完成後に自殺した三浦春馬の強い魅力に惹かれて参加しているのが分かりました。そうすると私は田中監督の前座のようなものだから、理屈っぽい話で聞き手を退屈させさせないようにしないといけないと考えていました。

しかし、講演を初めてみると、聴いている女性たちの視線が私の方に喰い込んでくるように感じました。何故五代に濡れ衣が着せられるような事態になったのか、五代の無実はどのように立証可能か、名誉回復の過程はどのように進んだかなど、結構理屈っぽい話にもかかわらず、聴き手の視線の鋭さは変わりませんでした。それに乗せられて私の話も熱を帯びたようで、後半では話の節目で会場から拍手が湧くようになりました。私はそれまでにいくつもの会場で同種の講演をしてきましたが、話し手と聴き手が一体となったように盛りあがる経験は初めてでした。「この会場の中だけで起きていることではあるが、講演会参加者たちが五代無実の話を正面から受け止めているこの雰囲気、――これが《世論》というものではないか。五代無実は今《世論》となろうとしている」と私は感じていました。

第二部の田中監督の講演「映画制作の楽しさ、人との出会い」は、三浦春馬がいかに優れた、魅力的な役者で、いかに役作りに心身を削ったかにほとんどの時間が割かれました。

田中監督からは「なぜ五代のような《カネの亡者》の映画をつくるのか」という批判を五代の地元鹿児島で受けたという話が披露されましたが、日本近代史学者たちが広めてきた五代の虚像の影響、日本史教科書がつくりあげた誤った五代像の影響はかくも根深いものであるかと思わずにはいられませんでした。その意味では、近代日本への新たな出発に生涯を傾けた五代の真実を描こうとして、偶然同時期に田中監督は映画づくりに挺身し、私は原稿書きに徹夜を繰り返していたことになります。そういう二人が同じ会場で講演することになったのも不思議議な縁でありました。

このセミナーの模様は、後日、八月四日の奈良新聞紙上に詳細に一面全部を使って報道されました。全体の三分の二が私八木の講演の要約、残り三分に一が五代無実の諸資料の紹介でした。諸資料には、事件の発端となった東京横浜毎日新聞の社説、その誤報を鵜呑みにして、五代悪徳政商説を流布した歴史学者大久保利謙の論文「明治十四年の政変」、政府が決定した払い下げ先は五代ではないことを示す黒田開拓長官の太政大臣宛「伺」、そして五代が払い下げを辞退したことを示す佐佐木高行日記『保古飛呂比』の四点が示され、これぞ五代無実の総集編というべき圧倒的な迫力と内実をもって、一民間新聞がなしうる極限の報道がなされました。総タイトルは「日本史教科 142年ぶり 遂に記述修正」でした。驚くべきことに、奈良新聞は続けて田中光敏監督の講演も一面全部を使用した記事にしました。一編の広告も載せないで紙面を編成した奈良新聞の英断に拍手を送るしかありません。

三、五代筆「竹の掛け軸」寄贈の申し出

三好隆昌さんが所蔵していた五代の墨画
賛は「乙亥（明治八年）夏日　於半田銀坑」

「同窓会で五代友厚の名誉回復活動が行われていると新聞で読んだ」という電話が京都市山科に住む三好徳昌という人から大阪市立大学同窓会事務局にありました。用件は「五代が書いたとされる掛け軸を持っているのだが、それを五代ゆかりの大阪公立大学に寄贈したいので本物かどうかの鑑定をしてもらいたい」ということでした。上村事務局長が四月一二日に三好さんの自宅を訪ねて話を聞きました。

三好さんは、明治から大正・昭和にかけて製茶業を営んだ実業家三好徳三郎の孫で、父正雄が継承した徳三郎の骨董書画のうちから五代書の竹の掛け軸を生前分与されて所蔵していました。令和四年（二〇二二）三月一五日の読売新聞で五代名誉回復活動のことを知り、大阪公立大学にそれを寄贈したいと考えるに至った、というのが話の趣旨でした。

三好さんの父正雄は戦後に従兄の辻利一と協力して、祇園に株式会社辻利茶舗を設立した人物で、のちに開業した茶寮都路里も同じ会社の経営です。

四月一八日、五代委員会が開催された折に、私は同窓会が預かっている掛け軸を見ました。私はそれまでに鹿児島県歴史資料センターが所蔵する五代筆の竹の掛け軸と令和四年に黎明館の鑑定で本物であることが確認された堂本敏夫さん（五代の妻豊子の曽孫）所蔵の竹の掛け軸を直接見ていていましたので、三好さんの軸にある、竹の笹の描き方・賛の内容、雅号「松陰山人戯墨」の署名・落款が酷似しているのが分かりました。

加えて、「明治八年夏の日」を意味する賛の「乙亥夏日」が、年号を干支で示しているところは他の掛け軸の場合と同様でした。その下に書かれている「於半田銀坑」は他の掛け軸にはないもので、竹の絵を書いた場所を示しています。「半田銀坑」とは五代が明治七年に入手した半田銀山のことです。そうすると、その墨竹画は五代が自己の所有する福島県の半田銀山を翌年に訪ねたときに、求められて現地で筆を執ったことを意味しています。このような事情を反映した、他の掛け軸にはない賛をもつことからも、この軸が本物であることは間違いのないところでした。

五代名誉回復の記念すべき時期にこのような寄贈の申し出があったことも、のちの語り草になるような喜ばしい出来事でした。

四、第四次要望書

令和五年（二〇二三）四月から使用される日本史教科書は『日本史探究』が軸となりました。

第一学習社の記述修正を除いて、山川出版社と実教出版の修正は、先鞭をつけた清水書

院の修正方式を踏襲しています。たとえば山川出版社の『詳説日本史　日本史探究』は、

　1881（明治14）年、旧薩摩藩出身の開拓長官黒田清隆《くろだきよたか》が、同藩出身の政商五代友厚《ごだいともあつ》らが関係する関西貿易社などに北海道の開拓使所属の官有物を不当に安い価格で払い下げようとしていると報じられ、問題化した。明治十四年の政変で、払い下げは中止された。

としています。これは前年の教科書展示会に出品した見本刷りの『詳説日本史　日本史探究』の記述、

　1881（明治14）年、旧薩摩藩出身の開拓長官黒田清隆《くろだきよたか》が、同藩出身の政商五代友厚《ごだいともあつ》らが関係する関西貿易社などに北海道の開拓使所属の官有物を不当に安い価格で払い下げようとして問題化した。明治十四年の政変で、払い下げは中止された。

をもとにして、「として」の部分を「としていると報じられ、」と変えただけのものです。

この変更によって、虚偽の記述が事実の記述となりました。しかし、これは虚偽の記述を事実の記述に変更しただけで、真実の記述に変えたものではありません。言葉の詐術となりかねない危うい表現です。なぜなら、「報じられ」と書かれている東京横浜毎日新聞の報道は誤報だったからです。

真実の記述に変えるためには、「官有物を不当に安い価格で払い下げようとしていると報じられ、問題化した」と変更するだけでは不十分で、「ただしその報道は誤報であって、政府が決定した払い下げ先は開拓使官吏が退職して設立する予定の民間会社であった」と書き加えなければなりません。

今回修正された記述「同藩出身の政商五代友厚らが関係する関西貿易社などに北海道の開拓使所属の官有物を不当に安い価格で払い下げようとしていると報じられ、問題化した」を高校生が教科書で読むとき、一般に高校生は新聞が事実を報道するものであると考えていますから、以下のように理解するはずです。

1．黒田開拓長官は同藩出身の政商五代に官有物を不当に安い価格で払い下げようとした

2．新聞がその事実を報道した。

3．その結果、それは大きな社会問題となった。

これでは、五代は《疑惑の人》のままです。今回の記述修正は、「『見直しを求める会』の要望を受け入れて記述修正する」と回答しながら、実は真実を記述していません。一番問題なのは、修正された記述が高校生をミスリードするものだということです。この記述修正をもって、開拓使官有物払い下げ事件で五代が濡れ衣を着せられたと理解できる高校生がいれば示してもらいたいくらいです。

かくして、令和五年（二〇二三）六月十三日に「見直しを求める会」は山川出版社・実教出版・清水書院の三社と教科書巻末記載の筆頭著作者に対して、再度の記述修正を求める、回答期限九月末日の第四次要望書を送りました。添付資料として上記四大紙の記事のコピーを同封しました。要望書の要点は以下のようでした。

つきましては、高校生が事件を正しく理解できるように、令和5年度版貴社日本史教科書の該当個所に以下の内容を補記して再修正していただくよう要望します。

1．東京横浜毎日新聞が五代友厚への払い下げを報道したが、それは誤報であったこと。

2. 政府が決定した払い下げ先は開拓使官吏が退職して設立する予定の民間会社であったこと。

記述修正に応じなかった東京書籍については、他社がすでに記述修正を行っていることを伝え、改めて善処を要望しました。そして、記述修正に当たっては、「東京横浜毎日新聞」の報道が誤報であったこと、政府が決定した払い下げ先は開拓使官吏が退職して設立する予定の民間会社であったこと織り込むように具体的に要請しました。

第一学習社『日本史探究』の記述修正は、他社のものとは異なっていました。同社教科書の該当個所の記述は、まず本文では以下のようになっています。

1881（明治14）年、北海道開拓にかかる鉱山、工場などの官有物の民間への譲渡をめぐり、自由民権派は政府を激しく非難した。

そして、このことの注記として右欄に以下の注が付されています。

開拓長官の黒田清隆が、開拓使の官営事業全部を、開拓使官吏が退職して設立しようとした民間会社に安価で売却しようとした。

この文脈では、「開拓長官の黒田清隆が、開拓使の官営事業全部を、開拓使官吏が退職して設立しようとした民間会社に安価で売却しようとした」ので、「自由民権派は政府を激しく非難した」と読めます。しかし、自由民権派が政府批判をしたのは「東京横浜毎日新聞」が「五代への払い下げを政府が準備している」という誤報を流したからです。自由民権派が政府批判を開始したときには、「開拓長官の黒田清隆」が開拓使官有物を「開拓使官吏が退職して設立しようとした民間会社に安価で売却しよう」としていることは社会的には知られていません。

第一学習社『日本史探究』のように政府決定の内容だけを正確に書くことによっては、新聞の誤報によって自由民権派が騒ぎ、それが「明治十四年の政変」につながっていったという事実関係の推移が理解できなくなってしまいます。そこで私たちは本文の記述に下線部を補記して、以下のように改めることを要望しました。

1881（明治14）年、北海道開拓にかかる鉱山、工場などの官有物の民間への譲渡をめぐり、新聞が薩摩出身の五代友厚への譲渡が予定されていると誤報したため、自由民権派は政府を激しく非難した。

このようにして、各社のそれぞれの対応に即した要望書を送りました。

なお、五月には五代友厚銅像建立と五代伝記出版事業に寄付をいただいた人たちに、銅像建立・『新・五代友厚伝』刊行・五代友厚名誉回復活動の経緯を報告する礼状が児玉五代委員会委員長の名前で送られました。

第八章　教科書記述第二次訂正へ

一　鹿児島県議会での質問と「五代友厚と〈鹿児島の近現代〉」シンポジウム

令和五年（二〇二三）六月二十六日、鹿児島県議会で藤崎剛《たけし》県会議員（自由民主党）が日本史教科書の五代記述変更について、塩田康一知事と地頭所恵《じとうしょめぐみ》教育長に質問しました。実は大阪市立大学同窓会の中村俊久鹿児島支部長から藤崎議員に対して、五代の伝記刊行から教科書会社への働きかけに至る一連の活動の資料が提供されており、それが質問の資料に使われました。

以下、藤崎剛議員の質問です。

> 五代友厚の教科書記載の変更についてお尋ねします。
>
> われわれは高校時代に教科書で習った官有物払い下げ事件、これは明治政府により北海道開拓がすすめられましたが、政府が投資した工場などの土地を当時の北海道開拓庁長官の黒田清隆が同じ薩閥の出である商人五代友厚に安値で払い下げたとされるものであります。
>
> 五代友厚は一八三五年に鹿児島城下の城ケ谷、現在の長田町で生まれ、薩英戦争のときにはスイカ売り決死隊に参加、薩摩藩英国留学生に選ばれ、串木野羽島から渡航

し、見聞を広め、帰国後は大阪商工会議所を創設するなど大阪経済の父として知られています。二〇二〇年三浦春馬が主演した「天外者」で映画化され、再評価の機運が高まっているところです。

しかし五代友厚の歴史的評価は芳しくなく、その原因はこの教科書記載によるものが大きいとされています。

鹿児島に関係する人物の教科書記載については、平成一八年、当時の伊藤知事が西郷隆盛の教科書記載について、それまで西郷隆盛が朝鮮半島に攻め入ることを論じたとされる征韓論とされていた教科書記載について問題意識をもたれ、伝えた者すなわち使者を派遣する遣韓論ではなかったかということで教科書会社に記載変更の要請活動を行ったことを思い出します。その後複数の教科書会社が征韓論と遣韓論の並列表記に変わったことを思い出します。

従来の五代友厚の歴史教科書記載については八木孝昌氏の研究により事実誤認であることが証明されました。いずれも国立公文書館・国立国会図書館にて関連資料を探し、そうしたことで真実が明らかになりました。そして事実誤認であるならば、教科書記載の変更をすべきだと大阪市立大学の同窓会を中心に署名活動が行われたのであります。私も一一〇名ほどの署名を集めてお送りしました。全国的な要望活動が実り、このたび山川出版社・実教出版・清水書院・第一学習社の高等学校教科書において教科書の記述が変わりました。

そこでお尋ねします。五代友厚について歴史教科書での記載が変更されたことへの塩田知事の所感をお聞かせください。

二つ目。記載が変更された教科書を鹿児島県内の高校で使っているのかどうかお示しください。もし使っているのであれば、記載内容が変更になったものの捕捉が必要かと思いますが、教育長の見解をお示しください。以上で一回目の質問といたします。

この質問に対する塩田知事の答弁は以下の通りでした。

五代友厚の教科書の記載変更に関する所感についてでございます。五代友厚は幕末にはパリ万博への薩摩焼等の出展を実現させ、薩摩藩の対外的評価を高めることに貢献し、明治以降は大阪株式取引所や大阪商業講習所の設立に関わるなど、大阪経済の興隆に奔走した人物であり、郷土の誇りであると思っております。このたびの教科書記載の変更により、高校における歴史教育が客観的かつ公正な資料に基づいて適切に行われることで、多くの人々に郷土の偉人五代友厚が正しく理解され、その歴史的評価が高まることを期待したいと考えております。なお、この記載内容の変更は五代が設立に関わった大阪商業講習所の流れを汲む旧大阪市立大学のOB等の活動の影響が大きいと伺っており、そのような活動をしてくださった大阪の方々に感謝申しあげたいと考えております。

塩田知事の答弁の中の、「郷土の偉人五代友厚が正しく理解され、その歴史的評価が高まることを期待したい」という言明は、長年にわたって五代への誤解が正されることを願ってきた者たちへの最高の贈り物でした。五代の地元鹿児島での従来の評価はそれほど芳しいものではありません。日本史教科書が《金の亡者》であるかのように伝えてきたことも、五代への低い評価に影響しているはずです。それが知事答弁で払拭され、五代は「郷土の偉人」とされました。画期的なことでした。また、「五代友厚の歴史的評価が高まることを期待したい」との答弁は、五代の再評価を推し進める今後の諸活動の大きな励みとなるとともに、五代の事績をどのように教えるかという高校教育のありようの指針ともなるものでした。

次に地頭所教育長が次のように答弁しました。

次に五代友厚の教科書記載の変更についての質問のうち、高等学校における市場についてでございます。五代友厚に関する記載が変更された教科書は四社一一点あり、令和五年度はそのうち、四社六点の教科書を三五の県立高校が採択しています（注）。学習指導要領においては、近現代史の指導に当たっては、客観的かつ公正な資料に基づいて事実の正確な理解に導くとともに、多面的・多角的に考察し、公正に判断する能力を期待することとされているところです。このたびの教科書記載の変更について授業で扱うことにより、生徒自身が歴史に関わる諸事象の背景や意味をさまざまな立場から考察することができ、五代友厚の業績や評価の正確な判断や理解につながるものと考えています。

この答弁は鹿児島県内の県立高校における日本史教科書の採択状況に関するものですが、鹿児島県内の県立高校は六一校を数えます。六一校のうちの三五校とすると、採択率は五七・四％です。全六一校のうち、工業・商業・農業・水産等の実業高校が一二校ありますが、記載変更教科書を採択した三五校が普通高校であると仮定すると、母数を普通高校四九校とすることができますので、その場合の採択率は七一・四％です。ただし、母数を普通高校とすることが妥当かどうかは分かりません。

いずれにしても、五代記述の変更が社会的に明らかになったのは令和五年四月以降です。教科書の採択は、当然ながら、その時期以前に行われていますので、五代記述の変更が教科書選定に影響したとは考えられません。しかし、今後は開拓使官有物払い下げ事件をどのように記述しているかが、日本史教科書採択の基準のひとつとして高等学校の教育関係者の間で認識される可能性があります。

同じ年令和五年（二〇二三）一〇月二九日に、鹿児島大学が設置した「鹿児島の近現代」教育研究センターが、センター設立一周年記念シンポジウムをかごしま県民交流センターで開催し、そのテーマを「五代友厚と〈鹿児島の近現代〉」としました。学術的なシンポジウムのテーマに五代が選ばれたことには、五代再評価の観点から見て、意義深いことでした。基調講演の一番目は私八木が「五代の『弘成館』鉱山業――半田銀山をめぐって」の演題で担当し、二番目は井上潤渋沢資料館顧問が「近代日本社会の創造者 渋沢栄一の思想と行動～五代友厚との関係に触れながら～」の演題で担当しました。シンポジウム後半は、基調講演の二人と映画「天外者」の田中光敏監督・寺尾美保立教大学文学部特任准教授・下豊留佳奈オフィスいろは代表とによるトークセッションが行われました。

このシンポジウムには大阪市立大学同窓会大阪南支部から数名の参加もありました。八木はその基調講演において、日本で初めて締結された半田銀山の「締約書」(公害防止協定)の内容を紹介するとともに、締約書締結ののち、半田銀山が飛躍的な発展を遂げ、明治一七年(一八八四)には日本一の産銀高を記録するに至ったことを説明しました。併せて、締約書締結の背後には、時の内務卿大久保利通がその実現のために担ったであろう役割があったことを推定し、これまで明らかにされていなかった半田銀山の歴史的な真実に照明を当てました。

シンポジウム「五代友厚と＜鹿児島の近現代＞」のトークセッション

藤崎剛鹿児島県議（左）と筆者の懇談（中原別荘）

二　「五代友厚と広瀬宰平」展

住友家総理代人として活躍し、五代友厚の盟友としても知られる広瀬宰平の新居浜市広瀬歴史記念館が新居浜市にあります。同記念館は令和五年（二〇二三）一一月二五日から翌六年二月四日の日程で、「国益を目指した盟友五代友厚と広瀬宰平～広瀬家文書から見る開拓使官有物払下げ事件」展を開催しました。これもまた五代再評価の流れの中で生まれた企画と言えます。

一二月二日には末岡照啓住友史料館研究顧問による記念講演が関連企画として新居浜市内で開催されました。演題は「日本史に見る開拓使官有物払下げ事件の誤謬～国益を目指した五代友厚と広瀬宰平」でした。末岡顧問は開拓使官有物払い下げ事件研究の第一人者で、同顧問が令和四年（二〇二二）七月に上梓した『五代友厚と北海道開拓使事件』（ミネルヴァ書房）において、開拓使事件の包括的な検討と細部の詳細な分析を通じて、五代無実を完膚なきまでに論証したことは記憶に新しいところです。

この企画で画期的だったのは、この特別企画展の図録が刊行され、そこに開拓使官有物払い下げ事件をめぐる重要文書・史料が原文の写真版のかたちで漏れなく収録されたことでした。図録の冒頭には「晴天白日、毫も天地に愧ぢず」という印象的な言葉のある五代の広瀬宛「弁明書」が置かれています。この弁明書発見が末岡研究顧問の五代無実論証へと繋がる開拓使事件研究の契機となったのでした。「弁明書」の全文がカラー画像で収録されているだけでも、図録の価値が推しはかれるというものです。そのうしろには、五代の「弁明書」が書かれる契機となった広瀬宰平の五代宛明治一四年八月三一日付書状（草案）が置かれています。さらに黒田清隆の太政大臣三條實美宛「工場其他払下処分ノ儀ニ付伺」や開拓使官吏四人の黒田開拓長官宛「内願書」（いずれも国立公文書館所蔵）、「五代への払い下げ」という謬説の原因となった「東京横浜毎日新聞」の誤報など、開拓使官有物払い下げ事件の研究に欠かせない史料が包括的・網羅的に収められています。

　この図録「国益を目指した盟友五代友厚と広瀬宰平〜広瀬家文書からみる開拓使官有物払下げ事件〜」は、そこに掲げられた一連の史料を参照すれば、五代友厚の無実が白日のもとに明らかになるという重要史料集であるとともに、その諸史料に言及しないような同事件の研究は意味をなさない必須史料集でもあります。このような包括的な図録が刊行されたのは初めてのことで、関係者の熱意には心打たれるばかりです。

三　教科書会社の第二次回答

令和五年（二〇二三）九月末を回答期限としていた第四次要望書には、五社のうち四社から回答が届きました。そのうち東京書籍の回答は第一次回答の踏襲でした。回答を要約すると、次の通りです。

昨年お送りした回答書面で示した「学会等における評価などを慎重に見定めたうえで検討を行う」という弊社の見解に変更はない。

残る三社からは第二次記述訂正に応じるとする回答がありました。到着順に要点を紹介します。まず、山川出版社です。「著者と相談のうえ、文科省の検定制度に沿って、来年度の供給に向けて訂正申請を行い、承認されたので連絡する」という趣旨の前置きがあって、文部科学省承認済みの第二次訂正記述が示されていました。

１８８１（明治14）年、旧薩摩藩出身の開拓長官黒田清隆が、同藩出身者らに北海道の開拓使所属の官有物を不当に安い価格で払い下げようとしていると報じられ、問題化した。明治十四年の政変で、払い下げは中止された。

この訂正記述は実に微妙です。東京横浜毎日新聞の五代記述が誤報であること、政府が決めた払い下げ先は開拓使幹部が退職して設立する北海社であったことを追記してほしいとする要望は肩透かしにあった感じです。言い換えれば、山川出版社は事件の記述から「政商五代友厚」と「関西貿易社」という固有名詞を消去することによって、五代への名誉棄損問題が生じる可能性を回避したかのようです。事件の事実関係を説明することよりも、批判を受けないようにすることを優先したと言ってよいかも知れません。

これに対して、第一学習社の回答は意の尽くされたものでした。要点を要約します。

このご指摘をふまえ、著者代表の先生とも相談し、記述の見直しを検討した結果、本文において、新聞によって五代友厚への安価での払い下げが予定されていることが報じられたこと、これによって自由民権派の政府攻撃が激しくなったことを理解できるようにし、さらに注の説明において、実際は開拓使官吏が退職して設立しようとした民間会社への払い下げであったことがわかるようにいたしたい。

このような訂正内容が示されたあと、「今後、文部科学省への訂正申請を行いたい」と付言されていました。

清水書院の回答の要点は次のようでした。

著者とも相談のうえで、事実関係に即して記述の訂正を行いたい。

なおこの回答には、「文科省の承認が下りるまでは訂正文を示すことは控えたい」旨の但し書きが付されていました。

実教出版からは回答が期日までに届かなかったので、翌年一月六日付で督促状を送ったところ、以下のような回答が編集部職員の名前で一月末に届きました。要点の要約は以下の通りです。

どのように記述を修正すべきなのか、著者の先生と検討を行っているが、結論が出ていない。議論が不十分なまま文科省に訂正申請を行うべきではないので、令和六年度供給本用の訂正は見送った。令和七年度用、および令和八年度以降の改訂版においてどのように記述するかは、貴会の指摘・諸資料を踏まえ，著者の先生方と引き続き検討していくつもりである。

四　第五次要望書と終了通知

年末の一二月二七日、「見直しを求める会」の事務局を担当する五代委員会が開催され、教科書各社への対応が検討されました。その結果、教科書会社からの第二次回答をもって、基本的に同会の要望活動を終了することが確認されました。

翌令和六年（二〇二四）一月四日付で、各日本史教科書会社に第五次要望書が発送されました。以下、個別に要点を列挙します。

回答のなかった実教出版には、他の四社からの回答があったことを伝えたうえで、一月末までの回答を要望しました。

記述訂正に応じていない東京書籍には、以下の文面で要望終了を伝えました。

開拓使官有物払い下げ事件における五代友厚の無実を証拠立てる開拓使官有物払い

下げについての政府決定史料の写し及び五代が黒田長官からの官有物払い下げの打診を拒絶したとする佐左木高行日記『保古飛呂比』の該当箇所の写しをお送りしても、また、他の日本史教科書会社が記述訂正に応じていることをお伝えしても、さらには、有力紙四紙の五代の濡れ衣と教科書の記述訂正を報じた記事を同封しても、なお誤りを正そうとしない貴社の頑なな対応を前にして、当会はもはやいかなる条理を尽くした要望も貴社に通じることはないという判断に至りました。

ついては、いつの日か貴社が自己の誤りを認めて記述訂正されることを願いつつも、当会は本状をもって貴社への要望活動を打ち切ることをここに通知いたします。

訂正記述において五代友厚と関西貿易社の固有名詞を消去した山川出版社には次のように伝えました。

この改定文では、五代友厚および関西貿易社の固有名詞が消失した結果、東京横浜毎日新聞の当該記事が誤報であるにも拘わらず、五代友厚への名誉棄損問題は生じないこととなりました。ただし、名誉棄損問題が解決したのではありません。この訂正は当事件において何が起きたのかという歴史的事実を説明する記述にはなっておらず、五代への名誉棄損を回避する弥縫策に留まっています。その点で、上記改定文は私どもの要望に沿ったものとは言い難く、斯界を代表される貴社の対応として落胆を禁じ得ないところがあります。

しかしながら、五代への名誉棄損が回避された以上、当会はこれ以上貴社に対して記述訂正を要望する根拠を有しません。当会は貴社が将来さらなる記述訂正に踏み切られることを願いつつも、ここに要望活動の終了をご通知申しあげます。

終了にあたって、長期にわたる当会の要望にご対応いただきましたことに感謝申しあげます。

続いて、「見直しを求める会」の要望に即した訂正を表明した第一学習社への文書です。

望みうる最も行き届いた記述訂正をしていただける旨を拝読し、関係者一同、これ以上の喜びはなく、感謝の念でいっぱいです。貴社のご英断に衷心より御礼申しあげます。

つきましては、貴社の令和六年度教科書において行われる記述訂正を確認したうえで、五代友厚の名誉が回復されたものとして、長期にわたりました当会の要望活動を終了させていただきます。

最後は清水書院への要望書です。

当会の要望の趣旨を受け止めていただき、まことにありがたいことであると喜んでおります。当会の要望に真摯にご対応いただきましたことに、衷心より感謝申しあげます。

つきましては、貴社の令和六年度『高等学校日本史探究』において行われる記述訂正を確認したうえで、五代友厚の名誉が回復されたものとして、長期にわたりました当会の要望活動を終了させていただきます。

上記三社に関しては「日本史探究」教科書の著者代表にも同様の礼状を送りました。

それから、編集部職員の名前で遅れて回答が届いた実教出版には、編集部職員宛てに二月二十六日付の概要以下のような書状を送りました。

当会としては、上記のご方針に即して、「令和7年度用の改訂版」において第二次記述訂正をおこなっていただきますよう、改めて貴社に要望申しあげます。

なお、第二次記述訂正に応諾された山川出版社・清水書院・第一学習社の三社に対しては、当会は本年四月から使用される改訂版教科書における記述訂正内容を確認したうえで記述訂正要望活動を終了する旨の文書を本年一月に送りました。また、記述訂正に応じる意思を示しておられない東京書籍に対しては、要望活動を打ち切る旨の通知を併せて本年一月に送りました。

以上のような次第で、当会の要望活動が継続しているのは事実上貴社だけとなっております。ご方針がお決まりになり次第、当会にご通知いただければ有難く存じます。

訂正に応じていない教科書会社や第二次訂正内容未決定の教科書会社もある中で、「見直しを求める会」が要望活動の終了を四社に対して通知したのは、要望が基本的に達成されたとする認識があったからです。最大手の山川出版社を軸として、第二次訂正に応じた三社のシェアは約八割に及ぶと推定されます。高校で使用される日本史教科書の八割が従来記述を改めることを表明したことをもって、五代友厚の名誉は回復へ向かって大きく進展したと言って差支えありません。

五　造幣局での講演「半田銀山の公害防止協定」

令和六年三月二七日の午後二時から、大阪市北区天満の造幣局本局において「五代友厚と桜まつり」が開催されました。これは大阪市立大学同窓会五代友厚記念事業委員会が毎年行っている行事で、講演会・造幣博物館見学・桜の宮公園の桜観賞を内容としています。一般市民が無料で参加できる催しですが、募集人数が五〇人ですので、例年あっという間に定員が埋まっています。

このときの講演は、私八木が担当しました。演題は「半田銀山の公害防止協定」としました。日本史教科書の第二次記述訂正の問題が大詰めを迎えている時期でしたので、そのテーマで講演をするのが順当なところでしたが、実は私は前年の三月二九日に「五代友厚の名誉回復」という演題ですでにその話を造幣局では済ませてしまっていました。令和六年の企画で主催者側が別の講師候補者に講演の依頼をしたところ、日程調整が折れ合わず、急遽二年連続で私にその役が回ってきたという次第でした。

私は前年一〇月に鹿児島大学で行ったのと同じ五代と半田銀山の話を、半田銀山側と地元農民側とで結ばれた「締約書」（公害防止協定）を中心にして紹介しました。そして、講演の最後に、「別件」として、新年度の高校日本史教科書における第二次記述訂正の報告をしました。

二つのテーマに分かれてしまった私の話も、聞いていただいた方々の関心の高さに助けられて無事に終わりました。この講演では、特筆すべきことに、半田銀山の地元である福島県伊達郡桑折町から同町教育委員の鈴木キヨ子さんがお越しになりました。私が講演前にご挨拶したときに、鈴木さんからわざわざ持参いただいた『早田伝之助翁伝』（早田伝之助翁伝記刊行会会長佐藤酉三、昭和六〇年・一九八五）を拝借することができました。

それは地元の名家である早田家の第九代早田伝之助の伝記でした。読んで分かったことですが、早田家の七代目当主は幕末に幕府が半田銀山の直轄事業から手を引いたときに、それを幕府から借りて、地元の雇用維持のために鉱山業を継続していました。ところが明治三年（一八七〇）に坑内炭酸ガス中毒事件が起き、三三歳の若さの七代目を含む一四人が亡くなるという惨事となって、廃坑となりました。それを明治七年に五代が購入したのでした。

五代が経営する半田銀山は、鉱山排水が稲苗に害をもたらすとする地元農民側の主張を受け入れて、三カ所の「溜井」で排水を浄化する対策と半年間の工場操業停止の措置をとりましたが、それでも農民側はなお納得しませんでした。そういう膠着状態の最中に、明治九年六月二一日、殖産興業の趣旨で明治天皇の半田銀山行幸がありました。そして翌七月八日に「従来の『溜井』に四カ所の新築『溜井』を加えた合計七カ所の『溜井』による工場排水処理」をもって年間を通した操業に合意することを軸とした「締約書」が鉱山側と地元農民側とで締結されました。その「締約書」の冒頭には、誰がどのように準備したのか分かりませんが、政府機関である「鉱山寮」の「鉱山師長　ゼージー・ヱッチ・ゴットフレー」名の六月二一日付の「分析書」が置かれ、そこには「此の坑水は其浮動含有物を沈定して全く清浄ならしむる上は、植物に何等の妨害をも及すことなし」との所見が記されていました。

本邦初の公害防止協定が急転直下締結に至ったのにはどのような背景と経緯があったのでしょうか。それははなはだ興味深いテーマですが、本題から離れるので詳述を控えます。一言だけ加えれば、天皇行幸に先立つ二週間前の六月八日に、時の内務卿大久保利通が「巡検」のために、福島県の権参事を伴って半田銀山を訪れています。その大久保と五代が問題解決に当たったであろう可能性をここでは申しあげるにとどめておきます。

「締約書」の調印式に五代は出席せず、まだ一〇歳に満たなかった幼少の八代目早田伝之助が五代友厚の代理となっています。締約書には、毛筆で「早田傳之助」の署名がされています。（五代は天皇行幸の際も半田銀山を訪ねず、天皇の案内役を務めたのは鉱長の吉田市十郎でした。五代は薩英戦争のあとに身の危険を感じて武州下奈良村の名主四代目吉田市右衛門の屋敷に長期間潜伏しましたが、吉田鉱長は吉田市右衛門の養子でした。行幸に際して、五代は吉田家に花をもたせた可能性があります。）

拙著『新・五代友厚伝』第二部第三章「『惣難獣』と辞官」で書いたように、五代は官軍の奥羽攻めに批判的でした。しかし、明治元年の内戦の時期にそれを言えば、薩長側の武勲派から命を狙われること必定でしたから、五代はひそかに「惣難獣」という戯作を書くことしかできませんでした。推測するに、五代の調印式欠席は、奥羽攻めで塗炭の苦しみを経験した会津藩の地元の福島県においては、薩摩出身の自分が罷り出て地元の感情を逆撫でするようなことは避けたいという配慮と、半田銀山の以前の経営者であった早田家の顔を立てようとする配慮の両方が働いた結果であると考えられます。

『早田伝之助翁伝』には九代目早田伝之助（桑折町初代町長・福島競馬場馬主協会長等肩書多数、畜産功労者として藍綬褒章）からの聞き書きが収録されていて、そこで五代がこんなふうに語られています。

五代友厚という人が、この鉱山を経営することになって、来られた。私は知らないが、聞くところよると、家の蔵座敷によく五代さんが泊っておられたそうだ。弘成館といってね、五代さんの仕事場の名なのだ。ここは半田の弘成館、東京にも弘成館があり、大阪にも弘成館がある。（中略）五代さんという人は、第一流中の一流の人なのだが、その人が大変私の父を、どういうわけだか知らないが、かわいがってくれたんですね。

うちの親父は若い時から胸を患ったから、何しろ胸を患えば死ななくてはならないという時代でしょう。これは大変だというので、東京からお医者様を頼んだ。初代順天堂の院長を、五代さんが呼んで下さったんだね。それで助かったんだ。

五代さんは鉱山を十年も二十年もやったのではない。半田銀山をやりはじめたばかり。まだ歴史も何もない。大した鉱山ではなかったんだろうけれど、それもまだ五代さんが三十何歳かの若さで、天皇陛下をお招きするということが唯の人にできますか。そこにどうも、五代さんという人は、稀なる人間だ、と私は思っている。

このような発言からは、五代が早田家の厚い信認を得ていたことが伺えます。五代の半田銀山への関わりには分からないことがたくさんあったのですが、この本はそのいくつかを埋める貴重な資料となりました。「於半田銀坑」の賛をもつ五代筆の墨絵掛け軸が発見されたという前章の記述に加えて、ここでも五代についての新たな発見がもたらされたことになりました。

『早田伝之助翁伝』を持参いただいた鈴木さんからは、もうひとつ、お話がありました。それは、「本年一一月一〇日に桑折町で『半田銀山シンポジウム』を開催する計画であるが、そこで講演をしてもらいたい」という私への伝言でした。のちに計画の全体が明らかになるのですが、五〇〇名収容の町の体育館で開催されるシンポジウムでは、私の講演と脚本家大森美香さんの講演が組まれ、別に曽祖父が半田銀山で絵図面書きの仕事をしていたという縁で漫画家安彦良和さんが登壇し、地元伊達郡梁川町（現伊達市）出身の声優佐々木るんさんとの半田銀山にまつわるトークが予定されています。大森さんのことは本書第二章にも書きましたが、ＮＨＫのドラマ「あさが来た」や大河ドラマ「青天を衝け」で鮮やかな五代像を造形した当代一流の脚本家です。また安彦さんはアニメ「機動戦士ガンダム」の作画監督を務め、また『古事記』に材をとった『ナムジ』や旧満州国を舞台とした『虹色のトロツキー』等のユニークな作品を発表している漫画家です。

このシンポジウムの前には、午前中に半田銀山史跡公園と半田銀山自然公園へのバスによる「スタディーツアー」が計画されています。また正午前後には地元小学生による「半田銀山祇園ばやし」や「やまがた愛の武将隊」による演舞とトークなども組まれており、このシンポジウムを主催する町の意気込みが感じられます。

シンポジウムの前日夕刻には、町の主催者側と講演や演舞などの出演者たちとの「交流会」計画されています。交流会では関西圏からの来町者との交流もしたいという趣旨で、大阪市立大学同窓会からの参加者や旧大阪市立大学学生の保護者（同大学教育後援会役員経験者）たち合わせて一〇余名も交流会に加われることとなりました。このような県域を越えた交流が実現するのも、全国を舞台にして事業を構想した五代にふさわしいことかも知れません。

「半田銀山採鉱事務所及其附近ノ図」

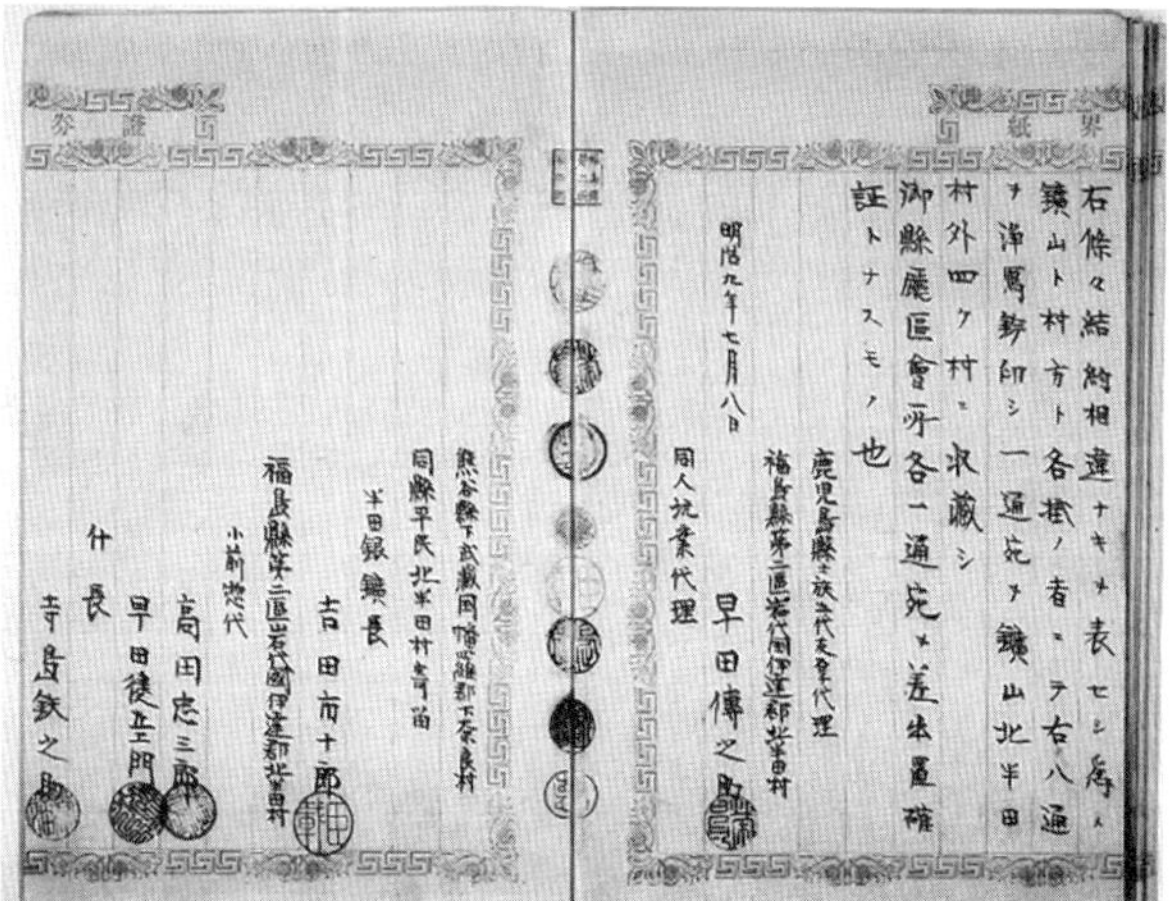

右條々結約相違ナキメ表セシ為メ
鑛山ト村方ト各拇ノ者ニテ右八通
ナ淨寫鈐印シ一通宛ヲ鑛山北半田
村外四ケ村ニ収蔵シ
御縣廳区會所各一通宛ヲ差出置確
証トナスモノ也

明治九年七月八日

鹿児島縣士族五代友厚代理
福島縣第三區岩代國伊達郡北半田村
同人抗業代理
早田傳之助

熊谷縣下武藏國幡羅郡下奈良村
同縣平民北半田村寄留
半田銀鑛長
吉田市十郎

福島縣第三區岩代國伊達郡北半田村
小前惣代
高田忠三郎
早田徳左門

什長
寺島鉄之助

「締約書」の署名ページ。中央に「早田傳之助」の署名
（大阪商工会議所所蔵）

「半田銀山シンポジウム」ポスター（安彦良和制作）

終章　記述乱立とトドメの一撃

一　各社日本史教科書の記述訂正推移

四月から一般販売が行われる令和六年度（二〇二四年度）の各社日本史教科書を五代委員会が大阪教科書販売株式会社から購入した段階で、令和四年度（二〇二二年度）以前の教科書の五代記述と令和五年度（二〇二三年度）の五代記述第一次訂正と令和六年度（二〇二四年度）の五代記述第二次訂正とを対比することが可能になりました。これまで述べてきたことと重なる面もありますが、ここに記述訂正を一覧にします。下線のほどこされた個所は訂正あるいは加筆された文言です。

（一）清水書院

①『高等学校　日本史B　新訂版』（二〇二二年度版以前）

開拓使の廃止を前に、長官の黒田清隆が同じ薩摩出身の政商五代友厚に、約２０００万円を投じた事業を38万円という不当に安い価格で払い下げようとして問題になった。

②『高等学校日本史探究』（二〇二三年度版）

黒田は開拓使が約２０００万円投じた事業を守るため、37万円余という不当に安い価格で、同じ薩摩出身の政商五代友厚《ごだいともあつ》の経営する「関西貿易社」に払い下げようとしていると新聞が報じて問題化した。結局、明治十四年政変で開拓使官有物の払い下げは中止されるとともに、開拓使も予定通り廃止された。

③『高等学校日本史探究』（二〇二四年度版）

黒田は開拓使が約２０００万円投じた事業を守るため、37万円余という不当に安い価格で、同じ薩摩出身の政商五代友厚《ごだいともあつ》の経営する「関西貿易社」に払い下げようとしていると新聞が報じて問題化した。しかし、関西貿易社が希望した開拓使官有物の払い下げは2件のみで、多くは別の会社に払い下げられることとなった。結局、明治十四年政変で開拓使官有物の払い下げは中止されるとともに、開拓使も予定通り廃止された。

二〇二四年度記述訂正の文面中の「関西貿易社が二件の払い下げを希望した」という事実はあるものの、その「二件」は政府決定における払い下げ物件の中にそれは含まれていませんので、この記述訂正は事件の理解を混乱させることになっています。加えて、「多くは別の会社に払い下げられることとなった」という書き方も不正確です。手前の文が「新聞が報じて問題化した」とあるので、その結果として「別の会社に払い下げられることとなった」と読まれる可能性があります。政府決定はそうではなく、最初から「別の会社に払い下げられる」ことになっている案を承認したのでした。そういう問題点はあるにしても、ぎりぎり合格点であるとは言えます。

（二）山川出版社

①『詳説日本史B』（二〇二二年度版以前）
開拓使所属の官有物を払下げるにあたり、旧薩摩藩出身の開拓長官黒田清隆は、不当に安い価格で同藩出身の政商五代友厚や開拓使退職者が関係する関西貿易社に払下げようとして問題化した。明治十四年の政変で払下げは中止された。

②『詳説日本史（日本史探究）』（二〇二三年度版）
1881（明治14）年、旧薩摩《さつま》藩出身の開拓長官黒田清隆《くろだきよたか》が、同藩薩摩出身の政《せい》

商五《しょうご》代友厚《だいともあつ》らが関係する関西貿易社などに北海道の開拓使所属の官有物を不当に安い価格で払い下げようとしていると報じられ、問題化した。明治十四年の政変で払い下げは中止された。

③『詳説日本史（日本史探究）』（二〇二四年度版）

一八八一（明治一四）年、旧薩摩《さつま》藩出身の開拓長官黒田清隆《くろだきよたか》が、同藩薩摩出身者らに北海道の開拓使所属の官有物を不当に安い価格で払い下げようとしていると報じられ、問題化した。明治十四年の政変で払い下げは中止された。

この二〇二四年度版記述訂正については、前章第四節で述べた通り、前年の記述から「政商五代」と「関西貿易社」を消去しただけの不十分な内容です。「日本史の山川」という評価を得ている代表的出版社が払い下げ事件の焦点を《回避》した記述で済ませてよいのかという疑問が残ります。ただこの記述訂正によって五代の名誉問題が消失したとしていますので、「見直しを求める会」としてこれ以上の記述訂正を求めるのは難しく、同社がいつの日かまっとうな記述に改めることを願望するだけです。

(三) 第一学習社

① 『高等学校 日本史B』(二〇二二年度版以前)

旧薩摩藩出身の開拓長官黒田清隆は、北海道の官有物を同藩出身の五代友厚に安価に払い下げようとした。これは明治十四年の政変のとき中止された。

② 『高等学校 日本史探究』(二〇二三年度版)

一八八一(明治一四)年,北海道開拓にかかわる鉱山,工場などの官有物の民間への譲渡をめぐり,自由民権派は政府を激しく非難した❷。

❷開拓長官の黒田清隆が,開拓使の官営事業全部を,開拓使官吏が退職して設立しようとした民間会社に安価で売却しようとした。

③ 『高等学校 日本史探究』(二〇二四年度版)

一八八一(明治一四)年,北海道開拓にかかわる鉱山・工場などの官有物の民間への譲渡をめぐり,政商の五代友厚へ安価での払い下げが予定されていると新聞が報じたため，自由民権派は政府を激しく非難した❷。
開拓長官の黒田清隆が，同じ薩摩藩出身の五代と癒着していると批判されたが，
実際は開拓使官吏が退職して設立する予定の民間会社に安価で売却しようとした。

第一学習社のこの二〇二四年度版記述訂正は、払い下げ事件の唯一の正確な説明となっています。未だ正確な記述に至っていない他社教科書にとって、それは今後の規範となる記述です。私たち「見直しを求める会」が求めてきたのは、まさにそのような記述が日本史教科書に掲載されることでしたが、第一学習社二〇二四年度版『日本史探究』によって遂にそれが実現しました。

成の翌年に解党した。

制定し，政府を批判する言論活動や出版物・新聞を取りしまった。

自由民権運動の高まり

自由民権運動は，地主など有力農民の間にも広がりをみせた。1879(明治12)年，全国に府県会が開かれると，有力農民らは府県会議員として地方政治に参加していくとともに自由民権運動を指導した。1880(明治13)年，国会期成同盟《こっかいきせいどうめい》が結成され，全国的に国会開設の請願《せいがん》運動がはじまった。国会期成同盟は，全国の政治結社に憲法の私案《しあん》(私擬《しぎ》憲法)の作成をよびかけた。これに対し，政府は，同年，集会条例《しゅうかいじょうれい》を制定し，各地の演説会《えんぜつかい》を取りしまった。

政府では，1878(明治11)年，政権の中心であった大久保利通《おおくぼとしみち》(←p.182)が暗殺されると，国会の早期開設を唱える大隈重信《おおくましげのぶ》1838〜1922(→p.200)と，それに反対する伊藤博文《いとうひろぶみ》1841〜1909(→p.188)の対立が表面化した。1881(明治14)年，北海道開拓(←p.191)にかかわる鉱山・工場などの官有物《かんゆうぶつ》の民間への譲渡《じょうと》をめぐり，政商(←p.177)の五代友厚《ごだいともあつ》1835〜85へ安価での払い下げが予定されていると新聞が報じたため，自由民権派は政府を激しく非難した❷。この状況に危機感をもった伊藤は，官有物の譲渡を中止するとともに，政府批判の世論の背後に大隈がいると見て，大隈を政府から追放した(明治十四年の政変)。さらに国会開設の勅諭《ちょくゆ》を出し，1890(明治23)年に国会を開くことを国民に示し，自由民権運動の高まりに対応した。

❷開拓長官の黒田清隆《くろだきよたか》が，同じ薩摩藩出身の五代と癒着《ゆちゃく》していると批判されたが，実際は開拓使官吏が退職して設立する予定の民間会社に安価で売却しようとした。

▲7 明治十四年の政変の風刺画(『団団珍聞』1881年10月号) 黒田清隆(タコ)と大隈重信(クマ)の対決をあらわしている。

▲8 岸田俊子　名演説家として知られ，各地を遊説して男女同権などをテーマに活動した。

7 8：東京大学法学部附属明治新聞雑誌文庫蔵

2024年度版第一学習社『日本史探究』（記述訂正版）

（四）実教出版

①『高等学校　日本史B　新訂版』（二〇二二年度版以前）

政府は北海道開発のため、明治初年以来、工場・農園・鉱山などの、開拓使（長官は薩摩出身の黒田清隆）の官有物に1400万円余を投じてきた。これを38万円、無利息30か年賦で、開拓使の官吏と薩摩出身の政商五代友厚らが経営する関西貿易社に払い下げることにした。世論は藩閥官僚と政商が癒着しているとしてはげしく批判した。

②『高等学校　日本史探究』（二〇二三年度版）

開拓使を廃止するにあたって、薩摩《さつま》出身の開拓長官黒田清隆は、開拓使の官営事業を、開拓使官吏が設立を計画していた会社や、同じ薩摩出身の五代友厚《ごだいともあつ》らが経営する関西貿易社に、安い価格で払い下げようとした。そのため藩閥《はんばつ》と政商の癒着《ゆちゃく》のあらわれとして、猛烈な政府批判をうんだ。

実教出版の二〇二四年度版は記述再訂正の検討が間に合わず、二〇二三年度版と同一になりました。

（五）東京書籍

『新選日本史B』（二〇二二年度版以前）

開拓使の設置以来、一四〇〇万円にものぼる投資がおこなわれていた。当時の開拓使長官黒田清隆は、これらの官有物を財政難の緩和を目的に、同じ薩摩の政商五代友厚らに三八万七〇〇〇円、無利子、三〇か年賦で払い下げようとした。

東京書籍は記述訂正の意思がないので、旧記述の踏襲となっています。

以上の推移について特徴的なことの一つは、大勢として「官有物五代友厚払い下げ説」が退けられたことです。「政商五代」払い下げ説に固執するのは東京書籍だけとなりました。二番目に特徴的なことは、第二次記述訂正において、各社の対応が分かれたことです。二年前まで各社横並びであった払い下げ事件の記述が五種類に分かれて、乱立というべき状況が生まれています。これは「見直しを求める会」の記述見直し要望に一社を除いて各社が応じ、それぞれに記述訂正を検討した結果です。その意味で、この乱立はやがてはあるべき記述へと収斂する過渡的現象であると見ることができます。

二　読売新聞記事「日本史アップデート　五代友厚の実像」

各日本史教科書の動向が上記のように明らかになった段階で、令和六年（二〇二四）六月二五日の読売新聞夕刊が「日本史アップデート」という全国版の連載企画において、「五代友厚の実像　『政商』の悪評は誤報から」の見出しを付した、多可政史記者の署名入り記事を載せました。二千字に及ぶその記事はリード文を次のように始めています。

明治の実業家、五代友厚には「開拓使官有物払い下げ事件」で、国有財産の払い下げを不当に安く受けようとした「政商」の悪評がある。だが、五代を批判した当時の新聞記事などの検証が進み、実態が異なることが分かっている。

このように記事は、「五代への払い下げ」を報じた新聞記事が誤報であったと断定した上で、結論部分では日本史教科書の具体的な記述訂正について次のように書いています。

近年、五代の名誉を回復しようという活動が、五代が設立した「大阪商業講習所」が前身の大阪市立大（現・大阪公立大）の関係者によって進められた。教科書会社に見直しを求めた結果、官有物払い下げ先を「開拓使官吏が退職して設立する民間会社」に改めるなど、史実に沿った記述に変わりつつある。

そして記事は次のように結ばれます。

五代が大阪の発展のために成し遂げた事業は、枚挙にいとまがない。活動の中心を担う大阪市大ＯＢの八木孝昌さん（83）は「政商の悪いイメージが流布され、立派な功績も打ち消されてきた。ようやく五代さんの正当な評価がされてきたと実感しています」と話している。

この間の一連の報道の総まとめともいうべき本記事は、私たち「見直しを求める会」が読売新聞社に対して働きかけたり、資料提供して記事にすることを要望したものではありません。読売新聞東京本社文化部の多可政史記者から私八木のアドレスに突然にメイルが届き、取材が始まったのが本年五月二十三日でした。そこから記事が発表されるまでに一か月余が経過しています。記事全体を通して、記者が関連文献や最新研究に対する行き届いた調査を行ったことが伺われる力編です。記事中、末岡照啓住友史料館研究顧問と久保田哲武蔵野学院大学教授への取材が記述されますが、この的確な人選も私からの推薦や紹介によるものでなく、記者独自の選択によるものです。

それにしても時宜を得たこの記事は、一つの歴史的事実の説明として相互に相異なり、あるいは相反する五種類の「文部科学省検定済」記述が高校生たちに示されるという前代未聞の事態の出来《しゅったい》について、その事態へのトドメの一撃となる観があります。動かしがたい《世論》となろうとしている五代無実を前にして、五代への払い下げという謬説に固執している東京書籍は、時間の問題で記述訂正に踏み切らざるをえないはずです。記述訂正を中途半端な状態にとどめている教科書会社も同様です。「見直しを求める会」活動の最終局面でこのような記事が出現したことに、何か運命的なものを感じずにはいられません。

振り返れば、五代友厚名誉回復の活動は、「学問」の世界が関係するという理由によって、容易なものではありませんでした。しかし、「この現状は放っておけない」と考えてくださる方々が、教科書や日本史年表の記述訂正を要望する側にも、それを要望される側にも現われ、その方々の助力やご尽力によって、さらにはまた五代名誉回復活動を支援してくださる大勢の方々のお力添えによって、活動は所期の目標へと到達することができました。全経過を通して、奇蹟とも言える出来事の連続でした。

夕刊　讀賣新聞　（第3種郵便物認可）

学ぶ・究める

日本史アップデート

五代友厚の実像

ここに注目！

・明治の実業家、五代友厚《ともあつ》には「開拓使官有物払い下げ事件」で、国有資産の払い下げを不当に安く受けようとした「政商」との悪評がある。だが、五代を批判した当時の新聞記事などの検証が進み、実態が異なることが分かっている。

・五代と黒田清隆による薩摩出身者同士の癒着と批判された事件をきっかけに、薩長藩閥政府への批判が起こった。その後、大隈重信が参議を辞任し、国会開設を約束する勅諭が発せられるなど、事件は明治史に大きな影響を与えた。

・事件において五代は自らを「潔白」と主張するものの、誤った根拠を基にした五代像が後世に伝わった。近年、有志によって功績の再評価が進み、事件に関する教科書の記述も書き換えられている。

「政商」の悪評は誤報から

大阪経済の礎を築いた明治時代の実業家・五代友厚（1836～85年）は、NHK連続テレビ小説「あさが来た」（2015～16年）でディーン・フジオカさんが演じて以降、一般の知名度や人気が上昇した。

一方で、鉱山や工場などの国有資産の払い下げを不当に安く受けようとした「政商」との汚名がつきまとう人物でもある。

悪評のきっかけは、明治14年（1881年）の「開拓使官有物払い下げ事件」。開拓長官の黒田清隆が巨額の費用を投じて北海道で進めてきた官営事業に関し、同じ薩摩藩（鹿児島県）出身の五代に便宜を図ろうとしたとされる事件で、高校の歴史教科書でも取り上げられている。

近年、この事件を巡り、史料の再検証などで実態の見直しが進む。それに伴い、癒着の象徴とされた五代の評価も変わってきている。

五代批判の発端は、同年の「東京横浜毎日新聞」の記事だった。五代が設立した商社・関西貿易社が、開拓使と「約定」して北海道の物産を一手に引き受けることになり、同社の手を経なければ物産が北海道外に出てゆかないような仕組みにしようとしているとし、「北海道商業の利益は全国共にするべきだ」などと主張したのだ。

事件を研究する住友史料館（京都市）の末岡照啓・研究顧問(68)によると、黒田が払い下げを申し出たが、採算が合わず五代は申し出を断っていることや、払い下げ先とされたのは黒田の部下の開拓使官吏が関わる会社だったことなどから、記事は明らかな誤報だとみられる。

久保田哲・武蔵野学院大教授（近現代日本政治史）も、五代が関西貿易社を設立したのは、背景に参議の大隈重信が掲げた国の輸出強化策があり、黒田から不当な払い下げを受けることが理由ではないとみる。「当時の政商は必ずしも私利私欲に走るのではなく、西洋と対峙するため国家の行く末を真剣に考えていた者も多い。五代もその一人だった」と話す。

誤報とはいえ、薩摩出身者同士の癒着とみられた事件は、薩長藩閥政府への批判を招き、国会開設や憲法制定を要求する自由民権運動が活発化。一方、佐賀藩出身の大隈が政府の打倒を図ろうと、新聞社に情報をリークしたとの陰謀論も流された。政府は大隈に参議辞任を求めるとともに払い下げの中止を決定、明治23年（1890年）の国会開設を約束する勅諭を発し、事態の収拾を図った。一連の経過を「明治14年の政変」と呼ぶが、五代はまさに政変に翻弄《ほんろう》されたと言える。

末岡さんが調査した史料に、五代の「弁明書」がある。関西貿易社の副総監を務めた広瀬宰平に宛てたもので、事件を巡り、「世間ではもっぱら自分が利益を独占していると嘯《うそぶ》いているが、潔白である」などの主張を記す。新聞紙上で反論を試みようとも思ったが、政府要人から依頼され、政治の安定のために沈黙を守ったという。この弁明書の存在も長く世に知られることはないまま、誤った記事を根拠とした五代像が定説として流布したのだ。

近年、五代の名誉を回復しようという活動が、五代が設立した「大阪商業講習所」が前身の大阪市立大（現・大阪公立大）の関係者によって進められた。教科書会社各社に見直しを求めた結果、官有物の払い下げ先を「開拓使官吏が退職して設立する予定の民間会社」に改めるなど、史実に沿った記述に変わりつつある。

大阪株式取引所（現・大阪取引所）や大阪商法会議所（現・大阪商工会議所）の設立など、五代が大阪の発展のために成し遂げた事業は、枚挙にいとまがない。活動の中心を担う大阪市立大OBの八木孝昌さん(83)は「政商の悪いイメージが流布され、立派な功績も打ち消されてきた。ようやく五代さんの正当な評価がされてきたと実感しています」と話している。

（多司政史）

五代友厚の生涯

1836年	薩摩（鹿児島県）で生まれる
1865年	欧州視察
1868年	明治新政府に出仕。外国事務掛など歴任
1876年	朝陽館（製藍所）設立
1878年	大阪株式取引所設立
1880年	大阪商業講習所設立
1881年	関西貿易社設立。開拓使官有物払い下げ事件
1885年	死去

五代友厚（大阪商工会議所所蔵）

広瀬宰平に宛てた五代友厚の弁明書（住友史料館所蔵）

読売新聞 2024年6月25日夕刊（提供：読売新聞社）

三　おわりに

残っている問題は、五代名誉棄損記事を長年にわたって教科書や歴史事典に書き続けてきた日本近代史学界関係者と、それを放置することによって間接的に五代名誉棄損を支えてきた同学界が、事態について沈黙していることです。

話は飛躍しますが、明治一八年（一八八五）、体調を崩した五代を診断し、東京で治療に当たったのは海軍医務局長の高木兼寛でした。その高木は日本の軍隊で多発した脚気病への対処法をいち早く見出したことで知られています。高木は明治一五（一八八二）～一六年代に日本海軍が行った遠洋練習航海で乗組員に多数の脚気患者が出て、二三人死亡の惨事が起きたときに、脚気と食事との関係を疑いました。そして、翌一七年に練習艦を使った五五日間の遠洋航海で米食を禁止し、欧米風のパンと肉の食事を提供させました。その結果、脚気は発生しませんでした。高木は脚気の原因を、摂取食物において炭水化物に対する蛋白質の比率が低いことによって生じると考え、明治一八年（一八八五）に論文を発表しました。しかし、医学界からはそれを支持する意見は出ませんでした。

他方、陸軍は海軍での経験に同調しませんでした。米食か麦飯かの議論は行われたものの、「兵食は白米」とする方針が継続されました。また、脚気の原因については、「伝染病」

とする考えが支配していました。

明治三七（二〇〇四）〜三八年の日露戦争では日本兵戦死者四六、四二三人のうち、二七、四六八人が脚気による病死であったとされています（陸軍省編『明治三十七八年戦役陸軍衛生史』）。このような事態を前にして、明治四〇年（一九〇七）に陸軍省主導で「臨時脚気病調査会」が発足、会長には陸軍軍医総監（中将相当）・陸軍省医務局長であった森林太郎（鴎外）が就任しました。森は母校東京大学医学部がとっている脚気細菌説（伝染病説）の支持者であり、調査会でもその立場をとります。東京大学医学部では衛生学教授が明治一九年（一八八六）に「脚気細菌説」を発表していて、以来、脚気伝染病説が支配的でした。

折しも明治四三年（一九一二）に農学者鈴木梅太郎が世界に先駆けて、それが体内に欠乏すると脚気の原因となる物質を発見し、オリタニンと命名して論文に発表しました。その翌年にはポーランド人生化学者カシミール・フンクが脚気の原因となる欠乏物質を突き止め、それをヴィタミンと命名しました。しかし森は細菌説を固持したまま大正一一年（一九二二）に死去。その二年後、「臨時脚気病調査会」は臨床実験によってようやく脚気ヴィタミン欠乏説を承認します。大正一三年（一九二四）四月のことでした。調査会はその年の一一月に解散しました。

五代に引き寄せれば、作家としての森林太郎は森鴎外として大正三年（一九一四）に、五代友厚が政府参与時代に職務として関与した「堺事件」をテーマにして、小説『堺事件』を発表しています。堺事件とは、フランスの要人を神戸に海路で運ぶために堺港にいたフランス海軍の水兵たちを、新政府成立直後に堺を警備していた土佐藩の藩士が襲撃し、一一人を殺害し、五人を負傷させた事件です。一方的に土佐藩士側に非があるにもかかわらず、フランス海軍側が先に仕掛けたので応戦したとする土佐藩関係者による『堺烈挙実記』の講談調の虚偽記述を踏襲して、森は『堺事件』において、「端艇に待つてゐた水兵が、突然短銃で一斉射撃をした。両隊長が咄嗟の間に決心して『撃て』と号令した。待ちかねてゐた兵卒は七十余挺の銃口を並べ、上陸兵を収容してゐる端艇を目当に発射した」と書いています（拙著『新・五代友厚伝』第二部第一章堺事件）。医師として脚気の原因を見誤った森は、「臨時脚気病調査会」が開かれている大正年間において、作家としても真実を見誤っています。

その森林太郎（鴎外）は陸軍第二軍軍医部長として日露戦争の前線に赴きましたが、遼東半島の南山の戦いで多数の日本兵戦死者が出た折に、「扣鈕」（ぼたん。カウスボタンのこと）という詩を書いています。その最初の連と最終の連はこうです。

南山の　たたかひの日に
袖口の　こがねのぼたん
ひとつおとしつ
その扣鈕（ボタン）惜し

ますらをの　玉と砕けし
ももちたり　それも惜しけど
こも惜し扣鈕
身に添ふ扣鈕

「ももちたり」（百千人）の兵士たちが戦死したのも惜しいが、カウスボタンを失くしたのも惜しい、と四千三百人の死傷者と一個のカウスボタンを等価に扱うかのごとき詩句で森は詩を締め括っています。ドイツ留学中に買い求めたカウスボタンがどれほど思い出深いものであったとしても、それを当該詩句のように表現する森の作家精神は尋常ではありません。

話を戻します。脚気ヴィタミン欠乏説が調査会で承認されたあとのことです。それから五七年が経過した一九八一年、東京大学医学部公衆衛生学教授が脚気細菌説の誤りを公式に認める論文を発表しました。

以上の顚末は、次のように時系列的に要約できます。

① 脚気細菌説の発表、
② 脚気細菌説の陸軍における採用と維持、
③ 脚気細菌説を否定する証拠の出現、
④ 調査会における脚気細菌説の訂正、
⑤ 脚気細菌説が間違いであったことの学問的表明、

この経緯は開拓使官有物払い下げ事件のそれと相似形になっています。

①　政府が五代らの関西貿易社へ開拓使官有物一式払い下げを計画との新聞報道、
②　「政商五代への官有物払い下げ」説の歴史事典・教科書等による採用と維持、
③　五代への払い下げ説を否定する証拠の発表、
④　「政商五代への払い下げ」説の教科書における訂正実施と『日本史年表』の訂正意思表明、

両者のただひとつの違いは、従来歴史事典や教科書において定説のようにして扱われてきた「政商五代友厚への官有物払い下げ説」の間違いを公式に認める学問的表明が未だ行われていないことです。それが行われるとき、五代友厚の名誉回復は一点の曇りもなく成就します。

今年二〇二四年の三月に、ある大学の女性の先生が私にこんなことを言いました。「日本近代史の若手研究者たちはみんな五代の無実を知っています。ただ、先輩格の研究者たちが政商五代説をとっているので、黙っているだけです。でもね、必ず世代交代が起こります。五代無実が歴史学界の定説になるのは、時間の問題です。」

それを聞いた私は、これほどに明々白々な五代の無実を歴史学界が受け入れないのは、きっとそういう実態があるからであろうと思いました。同時に「時間の問題」と表現されたその日の一日も早い到来を願ったことでした。

あとがき

本書は『新・五代友厚伝』の続編であるとともに、完結編の意味合いを担っています。振り返れば、末岡照啓住友史料館研究顧問の基礎研究と『新・五代友厚伝』を契機とする五代名誉回復活動とが不思議な合流を織りなした、これは奇蹟のドキュメントです。その奇蹟は実に多くの方々の関わりの総和として成立しました。

末岡研究顧問の研究成果とご助力がなければ、大阪市立大学同窓会が企画した拙著『新・五代友厚伝』の発刊も発刊後の五代名誉回復活動の成功裡の展開もありませんでした。日本史教科書会社各社による第一次記述訂正の段階では、末岡顧問の見解は「訂正が不十分で、これでは五代の名誉が回復されたとは言えない」でした。しかし、第二次訂正の内容を私からの連絡で知った顧問からは、「八木先生の御情熱により、教科書の書替が成就しました。心より厚く御礼申し上げます」との私信をいただきました。私は『新・五代友厚伝』の終章を執筆しているときに、「正確な五代伝の刊行は必要であるけれども、それだけでは不十分である。どうしても五代の名誉が回復されなければならない」と強く感じていましたので、五代無実論の草分けであるとともに完成者である末岡顧問から「教科書の書替成就」という評価をいただいたのは感慨深いことでした。

事が成ったのは、もちろん私個人の情熱によるものではなく、「見直しを求める会」とその事務局を担った大阪市立大学同窓会五代委員会の活動があってのことです。「見直しを求める会」の趣旨に賛同してお名前を連ねていただいた四七人の方々と、目標達成に向かって地道な活動を担っていただいた五代委員会のメンバーの皆さんに厚く御礼申しあげます。

また、「見直しを求める会」の結成に至る過程と結成後の活動において、実に多くの方々からご支援をいただきました。その方々の有形無形のご協力やご助力や励ましなしには、旗を振る当事者だけで事は成りようもありませんでした。ここでお一人お一人のお名前は挙げませんが、記して深謝申しあげます。

最後に、本書刊行を引き受けていただいた「たる出版株式会社」高山恵太郎会長、本書のクラウドファンディングを進めていただいた大阪公立大学起業部（学生サークル）の伊藤暖さん（商学部二回生）と田中えみりさん（理学部一回生）、表紙デザインを担当していただいた起業部前多菜緒さん（商学部一回生）にお礼を申しあげます。

二〇二四年十月　　八木孝昌

参考文献・資料

一、書籍・雑誌・図録・史料

片岡春卿編纂『贈正五位勲四等五代友厚君伝』（明治二八年・一八九五、『五代友厚伝記資料』第一巻所収）
森鷗外『堺事件』（初出大正三年・一九一四「新小説」）
『明治三十七八年戦役陸軍衛生史』第三巻（陸軍省、大正一三年・一九二四）
佐佐木高行日記『保古飛呂比』（東京大学出版会、昭和五三年・一九七八）
『函館市史』通史編第二巻（平成二年・一九九〇）
末岡照啓「『開拓使官有物払い下げ事件』再考――関西貿易社の五代友厚と広瀬宰平を通して」（『住友資料館報』第四一号、平成二十二年・二〇一〇）
真辺将之『明治史講義【テーマ編】』第一〇講（ちくま新書、平成三十年・二〇一八）
八木孝昌『新・五代友厚伝』（ＰＨＰ研究所、令和二年・二〇二〇）
久保田哲『明治十四年の政変』（集英社、令和三年・二〇二一）
八木孝昌『開学の祖　五代友厚小伝　高遠な志・進取の精神・利他の心』（大阪市立大学同

窓会、令和三年・二〇二一）
『ラストイチダイ　五代友厚シンポジウム報告集―開拓使官有物払い下げ説を問う』（大阪市立大学同窓会 五代友厚記念事業委員会、令和四年・二〇二二）
末岡照啓著『五代友厚と北海道開拓使事件――明治十四年の大隈追放と五代攻撃の謎に迫る』（ミネルヴァ書房、令和四年・二〇二二）
図録「国益を目指した盟友五代友厚と広瀬宰平　～広瀬家文書からみる開拓使官有物払下事件～」（新居浜市広瀬歴史記念館、令和五年・二〇二三）。※開拓使官有物払い下げ事件に関わる重要史料原文を図版で包括的に収録。
政府史料「開拓使官有物払下許可及び取り消しの件（明治十四年）」（国立公文書館）※標記のインターネット検索で官有物払い下げの政府決定文書一式が閲覧可能。
「開拓使官有物払下に際し継続会社設立一件」（『五代友厚関係文書目録』R25 41 709、大阪商工会議所蔵）

二、高等学校日本史教科書

『日本史B』（実教出版・清水書院・第一学習社・東京書籍・山川出版社の各社令和四年度版・二〇二二年度版）
『日本史探究』（実教出版・清水書院・第一学習社・東京書籍・山川出版社の各社令和五年度・二〇二三年度版））
『日本史探究』（実教出版・清水書院・第一学習社・東京書籍・山川出版社の各社令和六年度・二〇二四年度版）

三、新聞

「東京横浜毎日新聞」明治十四年明治十四年七月二十六日号（国会図書館蔵）
「郵便報知新聞」明治十四年明治十四年七月二十七日号・九月五日号（国会図書館蔵）
「朝野新聞」明治十四年八月五日号・九月六日号・七日号（国会図書館蔵）
「産経新聞」令和二年（二〇二〇）一二月一五日（大阪版）「五代政商説覆す　著者の八木さん「誤報が始まり」　大阪市大同窓会 出版」
「南日本新聞」令和三年（二〇二一）五月二二日「明治14年政変と【五代友厚】一　開拓

使官有物払い下げ　『誤報』が広めた政商汚名」（桑畑正樹）。※以降、毎週土曜日に合計九回連載。
「読売新聞」令和四年（二〇二二）三月一五日夕刊「五代さんの汚名 今すすぐ 「政府と癒着」 教科書記述改めて　ゆかりの大阪市大OBら求める」
「朝日新聞」令和五年（二〇二三）四月一二日（全国版）「五代友厚 濡れ衣だった『汚点』官有物払い下げ『無関係』教科書修正」（宮代栄一）
「読売新聞」令和五年（二〇二三）四月一九日夕刊「五代友厚 一四〇年の汚名返上　官有物払い下げ 教科書修正　大阪市大同窓生らの働きかけ実る」（南省至）
「産経新聞」令和五年（二〇二三）五月九日「一筆多論　晴れて大河に『五代様』を」（山上直子）
「日本経済新聞」令和五年（二〇二三）五月二五日夕刊「時を刻む　五代友厚の濡れ衣はらせ　大阪市大『開学の祖』、同窓生が奔走」（影井幹夫）
「京都新聞」令和五年（二〇二三）六月二二日「コラム『凡語』」。※五代の濡れ衣と名誉回復活動を取り上げる。
「奈良新聞」令和五年（二〇二三）八月四日「日本史教科書 142年ぶり 遂に記述修正

Ｄｒｅａｍ五代塾が大阪でセミナー　三浦春馬ファンら200人が集う」
「読売新聞」令和六年（二〇二四）六月二五日夕刊「日本史アップデート　五代友厚の実像『政商』の悪評は誤報から」（多可政史）
「Ｄｒｅａｍ五代塾新聞」第10号（隔月刊）令和四年（二〇二二）一〇月二日「五代の生涯の偉業『弘成館』鉱山業㈠」（八木孝昌）。※以降、断続的に連載、現在に至る。

四、放送

ＮＨＫ歴史番組「英雄たちの選択　伊藤VS大隈」令和三年（二〇二一）八月一一日
ＮＨＫ大河「青天を衝け」第三六回「栄一と千代」令和三年（二〇二一）一一月二一日
関西テレビ・ドキュメント「天外者《てんがらもん》五代友厚」令和三年（二〇二一）一二月二〇日
関西テレビ「ｎｅｗｓランナー」令和五年（二〇二三）四月一一日。※「見直しを求める会」の文部科学省での記者発表と高校日本史教科書の五代記述訂正を報道。

五、その他

平成二十九年度（二〇一七年度）大学入試センター試験「日本史A」第一問・「日本史B」第五問）

YouTube「RED HEART　赤き心　五代友厚展」（薩摩藩英国留学生記念館）

YouTube「赤き心——五代友厚の歌」（八木孝昌作詞・堀内圭三作曲）

著者略歴

八木孝昌（やぎ・たかまさ）

1941年京都市生まれ。大阪市立大学経済学部卒。博士（文学）。
職歴：大阪市立大学生活協同組合専務理事、大学コンソーシアム大阪事務局長、学校法人帝塚山学院常務理事。現在、一般財団法人住吉村常盤会評議員、岸和田健老大学特任講師、奈良シニア大学講師。
著書：『大阪府生活協同組合連合会50年史』、『解析的方法による万葉歌の研究』（和泉書院）、『帝塚山学院一〇〇年史』（共著）、『新・五代友厚伝』（PHP研究所）、『開学の祖 五代友厚小伝』（大阪市立大学同窓会刊）。
論文：「藤澤桓夫の文学的転進と弁証法的唯物論」（『帝塚山派文学学会紀要』創刊号）、「家持の奈良麻呂の乱関連歌三首」（『上代学論叢』和泉書院）他。
E-Mail：takamasa.yagi@pc.zaq.jp

五代友厚名誉回復の記録
――――教科書等記述訂正をめぐって

発行日　2024年11月3日　初版発行

著　　者　八木孝昌
発 行 人　髙山惠太郎
発 行 所　たる出版株式会社
〒541-0058
大阪市中央区南久宝寺町4-5-11-301
TEL.06-6244-1336㈹　FAX.06-6244-1776
〒104-0061
東京都中央区銀座2-14-5 三光ビル
TEL.03-3545-1135㈹　FAX.03-3545-1136
E-MAIL.contact@taru-pb.jp
印刷・製本　株式会社 日本プリンティング
定　　価　1,400円＋税

ISBN978-4-905277-41-5 C0021 ¥1400E
落丁・乱丁はお取り替えいたします。